Philosophie sentimentale

Du même auteur

Délectations moroses, Le Dilettante, 2009.
Le Bluff éthique, Flammarion, 2008 ; J'ai lu, 2009.
Traité du cafard, Finitude, 2007.
Le Philosophe sans qualités, Flammarion, 2006.
Petite Philosophie du surf, Milan, 2005.
Le Plafond de Montaigne, Milan, 2004.
Métaphysique du frimeur, Milan 2003.
Pensées d'un philosophe sous Prozac, Milan, 2002.
Sur le blabla et le chichi des philosophes, PUF, 2001.
Guy Debord, l'atrabilaire, PUF, 1999 et 2004.

Frédéric Schiffter

Philosophie sentimentale

Flammarion

ISBN : 978-2-0812-3615-8

PRÉFACE

« Le malheur veut qu'une fois lucide, on le devienne toujours davantage : nul moyen de tricher ou de reculer. »

Cioran

Pierre Hadot distingue deux catégories de philosophes : les faux et les vrais. Ou, plutôt, les académiciens et les praticiens. Les premiers : les professeurs et les chercheurs ; les seconds : les maîtres de vie. Au fondement de ce distinguo gît l'idée selon laquelle la philosophie, telle que la concevaient les Anciens, consistait non pas à passer des heures et des heures le nez dans des textes et à pérorer en chaire, mais « à se transformer soi-même » grâce à des « exercices spirituels ». De même que l'athlète s'entraîne à la course, tonifie et accroît sa masse musculaire, observe un régime alimentaire pauvre en graisse et une hygiène de vie austère dans le but d'affronter toutes sortes de compétitions, le philosophe se forgerait une âme à toutes les épreuves de l'existence pour peu qu'il s'adonnât chaque jour à une gymnastique de l'esprit – avec, au programme, la concentration sur l'instant présent, la visualisation du tout du monde, les examens de conscience, un tri sélectif et avisé de ses désirs, la résistance flegmatique aux passions hostiles de ses semblables.

Autant n'ai-je rien à reprocher aux universitaires qui se contentent d'enseigner avec compétence ce qu'ils savent, autant je me braque contre certains d'entre eux qui se recyclent dans le commerce de sagesses – faisant accroire à un public semi-cultivé en quête de supplément d'âme qu'ils détiennent les recettes d'une vie heureuse et réussie.

Sans revenir à mes arguments déroulés dans *Le Bluff éthique*, je rappellerai simplement que s'il est exact que notre corps peut s'affûter et se fortifier par une constante activité sportive, notre psychisme, mélasse de drames, de remords, de regrets, de hantises, de déceptions, de blessures, d'humiliations, d'échecs, etc., demeure le même. Nulle ascèse, nul travail de nous-mêmes sur nous-mêmes, comme disent encore les prêcheurs de la vie bonne, ne donnera forme à cette pesante et inerte matière première. Nous pouvons bien nous instruire en tel ou tel domaine, élever notre niveau en mathématiques, perfectionner notre orthographe, étendre nos connaissances en physique quantique ou en langues orientales. Purement intellectuelles, ces formations ne demandent rien d'autre que de la compréhension, de la mémoire, de l'opiniâtreté.

Purement psychologiques, les apprentissages de la sagesse devraient reposer sur la force conjointe de la raison et de la volonté. Or pareille conjonction est une fiction, une invention de philosophes. Une blague. Une escroquerie. Sans doute la raison nous ordonne-t-elle de cesser le tabac ou l'alcool. Reste une volonté de fer pour nous en tenir avec efficacité à notre décret. Or, la volonté ne peut rien contre la *névrose* qui nous incite au tabagisme ou à l'alcoolisme. Et, à supposer que nous ne fumions ni ne buvions plus, ce sera uniquement à cause de la phobie de tomber malade et non à cause de notre « ferme résolution », comme dirait Descartes, inspirée par notre bon sens – sans compter que nous nous assujettirons sans tarder à une autre addiction. Partant, nous ne nous gouvernons pas. Nulle méditation accompagnée de la décision de nous changer ne transfigureront notre caractère, c'est-à-dire les plis pris par notre âme depuis notre naissance et inscrits en elle comme de profondes scarifications. Tels qu'en nous-mêmes la vie nous fige et l'âge nous ossifie. Quant au bonheur, comme l'indique l'étymologie, il nous tombe dessus comme le malheur. Il est une factualité. Nul mortel n'est une providence pour lui-même. Stoïciens, épicuriens, spinozistes, et d'autres, se montrent plus superstitieux que le vulgaire à qui ils reprochent d'en appeler aux dieux afin qu'ils lui accordent la félicité. Au contraire du malheur, le bonheur ne laisse pas de traces mais des souvenirs qui viennent nous seriner la complainte des regrets. La sagesse relève de la croyance. Les exercices spirituels dont parle Pierre Hadot font songer à des gesticulations magiques. Au fondement de ces simagrées, le désir de conjurer la peur invincible de mourir et de perdre ceux que l'on aime.

Souvent mes lecteurs me jugent non seulement sombre mais *négatif*. Ils me suspectent de prendre un plaisir vicieux à dénigrer la vie – laquelle, à les entendre, serait, malgré tout, belle et joyeuse. Une amie me dit un jour que je lui rappelais ce marquis de Ximenez qu'évoque Chamfort à travers le témoignage de Monsieur d'Autrep : « C'est un homme qui aime mieux la pluie que le beau temps, et qui, entendant chanter le rossignol, dit : “Ah ! La vilaine bête !” » Il est vrai qu'il y a en moi un mécontent. Depuis l'enfance je me tiens à distance des gens de bonne humeur. Toute liesse me fait injure. Je regarde avec dédain les enthousiastes, les partants, les motivés. Avec une certaine crainte, aussi. Les optimistes excellent à remplir les bagnes et les cimetières. Cela signifie-t-il que je n'aime pas les gens qui aiment la vie ? Je fuis les inconscients qui ne veulent pas voir qu'ils ne jouissent que d'une existence conditionnelle et que la mort est indifférente à leur amour de la vie.

À l'université, mes professeurs me traitaient de dilettante, estimant dommageable pour mon intelligence de cultiver la paresse. Je plaidais coupable. Je n'ai jamais eu d'amour, mais simplement du goût, pour la philosophie. Je me suis prêté à elle sans jamais m'y donner. Je potassais les auteurs officiels rarement avec plaisir, mais me délectais de ces penseurs hors cadre, casseurs d'idéaux et de valeurs, rangés dans la rubrique « littérature », que l'on appelle les « moralistes ». Ayant appris très tôt à penser dans leurs livres, je tiens depuis que philosopher ne consiste pas à enseigner à vivre ou à mourir, encore moins à nous consoler de notre finitude, mais à examiner la pertinence de notions tenues pour évidentes, à démystifier des foutaises ronflantes, à mettre un nez rouge aux idoles. En m'adonnant à ces exercices de lucidité, je ne vis pas mieux : je me divertis un peu.

L'idée sous forme brève plaît. Nombre de gens, à l'adolescence et même plus tard, éprouvent de l'attrait pour les maximes, les sentences, les pensées. Preuve en est le succès des recueils de citations. On en comprend la raison. Dans un même volume se côtoient une foultitude d'auteurs plus ou moins célèbres que l'on n'a en règle générale pas lus, mais qui, là, d'un mot, d'un paradoxe, d'une remarque, d'un trait d'humour, d'un sarcasme, d'une pointe tirés de leurs œuvres respectives, comblent l'esprit. Souvent l'amateur constitue pour soi-même, dans un cahier, un florilège plus sélectif que l'original. En recopiant tel ou tel propos, tout se passe comme s'il cherchait à participer non tant de la pensée de celui qui en est l'auteur, que de son talent d'expression. Séduit, le « recopieur » réagit davantage en écrivain qu'en philosophe. Pour le philosophe, disait Jean-François Revel, « une idée vaut d'être lue parce qu'elle est bonne », alors que pour l'écrivain « une idée est bonne parce qu'elle vaut d'être lue ». Revanche de la formule sur le traité.

Ni recueil de citations ni traité, le présent ouvrage est un essai de réflexions, tantôt personnelles, tantôt « didactiques », inspirées par dix aphorismes empruntés à des penseurs et des écrivains qui m'ont marqué : l'Ecclésiaste, Montaigne, Chamfort, Schopenhauer, Nietzsche, Proust, Pessoa, Freud, Ortega y Gasset, Rosset. D'autres noms, bien sûr, méritaient de figurer parmi ces pages – et certains s'y sont glissés : Lucrèce, Machiavel, Hobbes, Stendhal. Si j'ai préféré m'en tenir à cette dizaine d'auteurs, c'est parce que depuis longtemps leurs pensées m'accompagnent et qu'il m'arrive souvent de les citer dans une discussion ou un texte. Ici, chacune de leurs phrases m'a entraîné à méditer, digresser ou divaguer autour du loisir, de la mélancolie et du deuil, de l'ennui et du plaisir esthétique, de l'admiration pour les maîtres, du chaos, de la vie sociale, de la violence morale, de l'illusion de la sagesse, de l'amour – autant de thèmes propres à un « voluptueux inquiet », selon une formule de Jean Salem. Peut-être qu'en passant d'une citation à l'autre, le lecteur ne verra pas un réel changement de chapitre. Rien d'étonnant puisqu'il s'agit d'un décalogue sentimental.

1

« Celui qui ne dispose pas des deux tiers de sa journée pour soi est un esclave. »

Friedrich Nietzsche

Il y a selon moi deux Nietzsche : le prophète du Surhomme, de l'Éternel Retour, de la transvaluation des valeurs, et, avant cette période, lors de son amitié avec Paul Rée, l'examinateur des sentiments moraux, amateur des maîtres français de l'aphorisme et de la maxime « qui, tels d'adroits tireurs, dit-il, mettent toujours et toujours dans le noir [...] de la nature humaine ». Bien des exégètes de Nietzsche, focalisés sur la portée éthique et politique du thème de la volonté de puissance, oublient l'admiration du penseur pour ses précurseurs, des « psychologues » selon ses termes, tels Montaigne, La Rochefoucauld, Pascal, Chamfort, et, outre, bien sûr, Schopenhauer, Paul Bourget. Dès lors, ils se divisent en « nietzschéens » et « antinietzschéens ». Les premiers voient en lui un philosophe de la subversion, un généalogiste des valeurs bourgeoises, qu'il conviendrait de sauver des griffes d'un camp réactionnaire, voire fasciste, prompt à l'enrôler comme son théoricien. Les seconds le dénoncent comme un sophiste décadent, un ennemi du progrès et de l'humanisme, un esthète de la force.

Peu me chaut que Nietzsche soit un révolutionnaire, un antidémocrate chrétien, le contraire d'un intellectuel de gauche. Le visionnaire m'ennuie, le moraliste, souvent, me touche. Voilà pourquoi je limite mon intérêt à ses ouvrages écrits entre 1877 et 1883 de *Humain, trop humain* – d'où provient la citation (§ 283) – au *Gai Savoir* en passant par *Aurore*, et délaisse ceux que les spécialistes appellent les « textes de la maturité » : *Ainsi parlait Zarathoustra*, *Au-delà du bien et du mal*, *La Généalogie de la morale*, *L'Antéchrist*.

« Celui qui ne dispose pas des deux tiers de sa journée pour soi est un esclave »... À l'énoncé de cette sentence, n'importe quel employé opère sur-le-champ, *in petto*, une soustraction. Si, aux vingt-quatre heures d'une journée, il ôte celles passées à travailler, c'est-à-dire, en règle générale, et en mettant les choses au mieux, huit heures, le voilà rassuré : il tient ses deux tiers ! Mais il sait bien que le calcul ne tombe pas juste ; car aux heures de bureau, d'usine, de boutique, s'ajoutent les heures de transport – aller de son domicile à son lieu de travail c'est déjà travailler et revenir de son lieu de travail à son domicile c'est encore travailler ; et une fois chez lui, à sa fatigue nerveuse se greffe le souci des tâches domestiques non moins lassantes et ingrates. Si bien que, s'il fait la somme de tous ces moments qui ne lui appartiennent pas, ne lui reste comme temps propre qu'une assez courte nuit de sommeil – repos indispensable brutalement interrompu par la sonnerie d'un réveil, assourdissante comme la sirène enjoignant jadis les prolétaires à reprendre le collier.

En écrivant cette phrase, Nietzsche ne songe pas seulement à la bête de somme du XIXe siècle – à l'ouvrier, au mineur, au journalier agricole, etc. – telle que Zola, son contemporain, en peint dans ses romans la minable existence, mais, précise-t-il, à « l'homme d'État », au « marchand », au « fonctionnaire », au « savant ». Car aussi élevées soient leurs positions sociales, les banquiers, les hommes d'affaires, les ingénieurs, les dirigeants d'une nation ou d'un empire industriel qui ne se vouent qu'à des missions, des projets, des entreprises, des chantiers, des plans, bref, à une foultitude d'activités où il leur faut se soumettre tant aux contraintes horaires qu'aux injonctions du calendrier, ne jouissent pas davantage que leurs humbles travailleurs, et même moins, d'un temps à eux. En cela, malgré leur rang, leur fortune, et, bien sûr, leur pouvoir, ils diffèrent des maîtres des sociétés aristocratiques, régnant sur une population serve, dont la vie oscillait de la guerre à la fête et jamais ne s'avilissaient dans le labeur fût-il lucratif et socialement avantageux. Si Nietzsche reprend ici à son compte le mépris du noble pour le bourgeois, le premier consacrant le temps à ses plaisirs – l'*otium* – et le second le mettant à profit pour ses affaires – le *negotium* –, c'est pour pointer ce qui, dans le négoce, est proprement ignoble : l'oubli de soi. Notre époque lui donne raison. Que, du matin au soir, l'on ait le crâne rempli d'obsessions boursières et les yeux rivés à des écrans d'ordinateur où s'animent les courbes des cours financiers ; que l'on aille de rendez-vous d'affaires en conférences de direction, de réunions de cabinet ministériel à des visites d'administrés, le malheur est non seulement de ne pas jouir d'un temps à soi, mais, surtout, de ne pas user d'un temps pour soi. Le P-DG, le ministre, le cadre supérieur, le courtier, etc., au même titre que l'épicier, le cantonnier, le soudeur, le comptable, appartiennent chacun à une « espèce », pour parler comme Nietzsche, et, par leur activité répétitive et univoque, sont dénués d'une « individualité bien définie » – raison pourquoi ils sont interchangeables. Que leur spécificité professionnelle domine en tout leur vie propre n'apparaît jamais avec autant d'évidence que lorsqu'ils ouvrent la bouche. Non qu'ils « parlent tout le temps travail », comme on dit ; mais c'est le travail qui parle à travers eux, comme une muse sans imagination, néanmoins prolixe et intarissable, incrustée dans leur tête et dans leur cœur et qui, tel un ventriloque polyphonique, leur fait tenir le même langage, farci des mêmes formules, des mêmes tournures, du même lexique. Et, bien sûr, plus la fonction qu'ils remplissent à plein temps est impersonnelle et exige d'eux une disponibilité confinant au sacerdoce, plus ils se prennent au jeu, ayant trouvé là une vocation, voire un sens à leur existence. Le travail c'est leur vie. À cet égard, l'exemple le plus notoire est celui du néo-commis de commerce, intégré dans la classe moyenne, que l'on nomme aujourd'hui par souci de modernisme le « commercial ». On pourrait penser que, n'était cette innovation dans le nom, l'espèce des « commerciaux » ne se distingue pas vraiment de l'espèce des voyageurs représentants placiers dont elle dérive, et l'on aurait raison. Comme c'était le cas pour le VRP, le « commercial » se soumet à des patrons, obéissant eux-mêmes à des actionnaires, qui lui ordonnent de vouer ses jours à l'entreprise dans le but, qu'il se déplace ou non, d'écouler le plus de marchandises possible. Là où il diffère du

VRP c'est dans la conscience qu'il a de lui-même. Hormis, sans doute, sa satisfaction d'échapper aux turpitudes de la production en usine et de faire partie de la catégorie des « cols blancs », le VRP s'abstenait de toute vantardise sur sa carrière et ne sacrifiait pas à la religion du mercantilisme. Conditionné, dressé et formé pour la vente, soit dans les écoles spécifiques, soit sur le terrain, le « commercial » n'a ni cette pudeur ni cette modestie. Elles lui sont même interdites. Aussi humiliant soit son sort, consistant à effacer sa propre vie afin de promouvoir l'existence glorieuse de « produits », il tient sur son emploi servile un discours dont l'enthousiasme forcé exalte un héroïsme sans conviction. « Nous autres informaticiens, nous sommes les rois ! », déclare le triste et falot Tisserand, « commercial » itinérant qui, dans *Extension du domaine de la lutte*, de Michel Houellebecq, forme un tandem avec le narrateur. À l'entendre, le « commercial » défend avec passion, dans la guerre du marché, une cause, celle d'une société qu'il appelle sa « boîte ». Avec sa « boîte », donc, il se bat pour un camp. Il se lance en « campagne », participe à des « opérations », « prend des risques », adopte des « stratégies », s'empare de tel ou tel « positionnement », ouvre de nouveaux « fronts », etc. À peine enrôlé dans une « équipe » d'autres « commerciaux », il prend aussitôt le pli. Comme s'il revêtait un uniforme mental, il ne commence plus ses phrases par « je » mais par « nous », ce « nous » professionnel avec lequel il finit par conjuguer tous les temps de sa vie individuelle – d'où le cataclysme qui dévaste son âme le jour où, recevant une lettre de mise à pied, il comprend, trop tard, qu'il n'avait jamais compté comme le coéquipier de personne mais au nombre d'un *effectif* variable de personnel.

Pour parachever le portrait nietzschéen de l'esclave, sans doute faudrait-il ajouter une touche sartrienne et préciser que si, pour rester avec notre exemple, un type joue au « commercial » quotidiennement avec autant de sérieux, plus des deux tiers de son temps, c'est parce qu'il opterait en toute conscience, comme le garçon de café de *L'Être et le Néant*, pour une existence inauthentique : sachant, dirait Sartre, qu'il n'est pas ce qu'il est, à savoir un « commercial », et qu'il est ce qu'il n'est pas, à savoir un homme dont la vie n'est pas réductible à un métier, le « commercial » s'enfermerait donc *librement* dans une conduite de *mauvaise foi*. Le « commercial », autrement dit, serait aussi esclave en ce qu'il incarnerait un mode de *servitude volontaire* non tant à un commandement institutionnel – même si le « commercial », dans sa « boîte », se montre soumis – qu'à un répertoire de comportements automatiques inhérents à sa fonction, et ce, pour fuir sa singularité. Ainsi, quand, pour souligner l'oubli de soi de l'esclave dans son travail Nietzsche parle d'appartenance à une « espèce », Sartre évoque quant à lui une chosification de soi par l'affiliation choisie à une *série*.

Sans doute que rien ne semble plus impérieux pour *un* « commercial » que de devenir *le* « commercial » en soi et que quantité d'employés partagent ce souci d'identification à un rôle idéal – quels que soient, encore une fois, le domaine où ils officient et leur rang hiérarchique. L'habitude étant, selon une expression juste, une seconde nature, à force de mimer les gestes et la pratique d'un langage désignés comme adéquats à leur tâche, tout, chez eux, de la physionomie aux manières, finit par prendre la forme imaginée et souhaitée de leur modèle stéréotypé d'esclavage. Voilà pourquoi s'il y a bien là une servitude, elle n'est pas, comme le pense Sartre, volontaire, mais, plus essentiellement, *désirée*. Donner son temps à une entreprise qui en disposera pour elle selon les nécessités ou les aléas du marché, et ne le destiner qu'à une activité professionnelle dont dépendront tous les autres moments de la vie, trahit un dégoût de soi – pouvant d'ailleurs se traduire en autodestruction physique, comme le prouve l'actualité des suicides au travail. Là où un gestionnaire de ressources humaines utilise le terme de « motivation » pour désigner le zèle aveugle avec lequel les néo-esclaves se plient corps et âme aux impératifs et aux mécanismes de tel ou tel négoce, il faut entendre un violent vouloir-vivre sans personnalité, ou, si l'on préfère, un vouloir-être inexistant, comme si ces humains ayant éprouvé avec douleur leur émancipation de l'indifférenciation animale n'avaient de cesse de se nier dans un travail impersonnel. Nul choix délibéré, donc, dans leur orientation vers une vie de labeur collective et anonyme, nulle obéissance, non plus, à une contrainte, mais, simplement, la phobie *native* de s'individualiser doublée de l'appétit de se fondre dans un Tout – en témoigne la fierté avec laquelle beaucoup arborent la raison sociale de leur société comme une identité. Pareil besoin de coller à un rôle de figuration sociale, à rebours de ce qu'affirme Sartre, ressortit à une conduite de bonne foi. Nietzsche dirait qu'elle atteste un « naturel esclave ».

Quand Nietzsche, toujours, dans *Aurore* (§ 173), rappelle que le travail est la « meilleure des polices » parce qu'il « tient chacun en bride et entrave puissamment le développement de la raison, des désirs, du goût de l'indépendance », ses propos s'appliquent à merveille à une autre forme moderne de dépossession du temps individuel et de synchronisation des existences : les loisirs. En tant que secteur avancé de l'industrie, mais surtout de la consommation, les loisirs, en s'inscrivant dans le prolongement du travail des esclaves et en occupant une place de plus en plus importante dans leur emploi du temps, consument, pour parler comme Nietzsche, « une extraordinaire quantité de force nerveuse » et la soustraient « à la réflexion, à la méditation, à la rêverie », « mettent constamment sous les yeux des buts mesquins et des satisfactions faciles et banales » ; si bien que, dans une société où les néo-esclaves cherchent à s'amuser coûte que coûte et en permanence, la barbarie l'emporte sur la civilisation, ou, si l'on préfère, la vulgarité sur le goût. Car ce que les esclaves contemporains appellent *les* loisirs – tout ce temps qu'ils sacrifient avec frénésie à l'audiovisuel, à la communication informatique, aux pratiques et aux exhibitions sportives, aux rassemblements festifs, aux spectacles de chanteurs à la mode, au tourisme, aux réunions amicales, aux causettes en réseau, etc. – s'opposent en tout point à la façon dont les Anciens concevaient *le* loisir : alors que ceux-là cherchent dans les programmes de divertissement pour tous à combler leur désir d'impersonnalité, ceux-ci jouissaient de longs moments de retraite et de tranquillité à la faveur desquels ils se retrouvaient. « Connais-tu au moins un homme qui accorde de la valeur au temps, à une journée, qui sache qu'il meurt chaque jour ? », demande Sénèque à Lucilius. « Telle est notre erreur de voir la mort devant nous. En grande partie elle est derrière nous et notre vie passée lui appartient. » De là l'exhortation du philosophe à l'oisiveté comme *reprise* du temps perdu, perdu parce que volé, volé parce que laissé sans soin. Même recommandation de Pline le Jeune adressée à son ami Minicius Fundanus : « Quitte, toi aussi, dès que tu peux, le vacarme, l'affairement dans le vide, ton boulot sans aucun intérêt et consacre-toi au repos studieux. Comme le dit ce cher Atilius avec finesse et esprit : mieux vaut être oisif que de s'agiter à ne rien faire ! » La nature mine peu à peu notre vie brève. Aussi impuissants soyons-nous à arrêter son œuvre de destruction, rien ne nous oblige à nous y associer en laissant filer certains moments par « négligence », notamment en permettant à nos contemporains de piétiner notre quant-à-soi. Car le négoce – et les obligations sociales qui s'y rattachent – n'est pas la seule façon de dilapider notre temps. Les relations humaines s'avèrent tout aussi chronophages et, par là, neurophages. Combien de fois nous dispenserions-nous de la fréquentation des pense-menu dont les discours, lestés de leur inculture, de leurs préjugés, de leurs lieux communs, nous font vieillir. L'ennui, avec les bavards, c'est qu'ils n'ont aucun talent pour la conversation. C'est par faiblesse plus que par civilité que, trop souvent, nous supportons leur présence – qu'ils soient, d'ailleurs, des amis ou des proches. Il suffit d'un déjeuner ou d'un dîner, pour que, même si nous nous en défendons, ils déteignent sur nous. Que dire lorsque nous nous trouvons en plus grand comité ? « Pourquoi avons-nous des remords après avoir quitté une société de gens communs ? » s'interroge Nietzsche qui dit souffrir non pas de la solitude mais de la multitude. « Parce que, répond-il, nous avons pris à la légère des choses importantes, parce que nous n'avons pas été francs pour parler d'untel ou d'unetelle, parce que nous nous sommes tus quand il fallait nous exprimer, parce que nous n'avons pas réagi et fichu le camp quand l'occasion s'en présentait, bref parce que nous nous sommes conduits avec ces gens comme si nous en étions. » En effet : l'esclavage suppose l'instinct de troupeau, le goût du loisir, la misanthropie. Alors que, saisi par le démon de la communication, l'esclave branche son esprit déjà saturé de pensées sans sujet ni objet à d'innombrables sources de bruits et d'images et se complaît dans la compagnie de ses semblables, l'homme du loisir, jaloux du silence propice à ses divagations évite autant que possible toute connexion à des appareils et fuit le commerce des fâcheux. Alors que, aux ordres des horloges, l'un s'adonne aux *mêmes* corvées et distractions que celles des autres esclaves et aux *mêmes* heures, l'autre, se pliant à la logique du farniente ou aux caprices d'une œuvre, s'abandonne à une vie solitaire en décalage horaire. Aussi est-ce en ce dernier point que réside la différence entre l'esclave et l'homme du loisir : en ce que le premier, au contraire du second, ne peut ni ne veut *s'aliéner*. La notion d'aliénation, telle que les marxistes de l'école de Francfort, et, en France, les philosophes contestataires Henri Lefebvre, Guy Debord, etc., l'ont pensée, c'est-à-dire en une acception péjorative, repose sur le postulat rousseauiste selon lequel les humains seraient par essence des êtres de loisir qu'un système social pervers, le capitalisme, dénaturerait. Cécité ou dénégation. Il suffit d'observer attentivement les humains pour se convaincre que, en dehors d'un petit nombre, ils ne souffrent pas de subir le travail et de consommer malgré eux des loisirs qui, ensemble, altéreraient leur « humanité », mais qu'ils en jouissent. Car, pour eux, rien n'est plus humain – essentiel – que de travailler et de se distraire *comme tout le monde* – au sens strict de l'expression. En cela, le capitalisme est la forme sociale qui réprime pour le plus grand bonheur des néo-esclaves l'aliénation en satisfaisant leurs désirs mimétiques. Animés par la passion du Même, ces humains réclament et obtiennent un monde conforme ou adapté à leurs tendances grégaires, susceptible, peut-être, ici ou là, de réformes, mais qu'en aucun cas ils ne s'évertuent à rendre autre – *alienare* en latin. Ce monde, fait pour eux, doit demeurer à leur image. Raison pourquoi ils boudent l'art en tous ses domaines qui aliénerait heureusement leur sensibilité et leur jugement – si, bien sûr, chose improbable, ils lui consacraient le temps nécessaire pour en pénétrer, comprendre et savourer la beauté. Les néo-esclaves ne sont ni lecteurs, ni mélomanes, ni esthètes, non parce que, comme le prétend une philosophie candide, leurs patrons, qui partagent leurs goûts, leur confisqueraient l'accès à la culture, mais parce que les produits de divertissement reflètent fidèlement leur humanité. Les artistes leur inspirent plus grande méfiance. Rien de plus naturel que pour des humains momifiés vifs dans leurs emplois du temps, ces « êtres de surcroît », comme les appelle Nietzsche, leur apparaissent comme les peintres inquiétants du devenir et du chaos.

2

« Vivre une vie cultivée et sans passion, suffisamment lente pour être toujours au bord de l'ennui, suffisamment méditée pour n'y tomber jamais. »

Fernando Pessoa

J'enseigne la philosophie depuis trente ans. Cela me pèse. Je ne peux le cacher. Aussi, quand on me demande la raison pour laquelle j'ai choisi ce métier, je ne sais que répondre. Tout dépend de mon interlocuteur. Entre eux, en tout cas, les professeurs ne se posent pas pareille question. Ils se disent qu'un collègue n'est qu'un collègue et que tous partagent le même genre d'existence. Qu'importent les motivations initiales des uns ou des autres. Une fois dans la place, ils ont les mêmes soucis d'emploi du temps, de classes surchargées, d'avancement de carrière, de mutation, etc., et, quand d'autres problèmes surgissent, ils les intègrent, voire les dissolvent dans le registre de leurs préoccupations habituelles. Sur le plan économique, il n'y a pas, pour ainsi dire, d'événement plus ou moins malheureux auquel leur statut ne permet de faire face. Tout, pour eux, depuis l'appareil d'orthodontie d'un enfant jusqu'au long congé maladie en passant par les risques d'endettement, est institutionnellement *assuré*. D'où cette impression perçue de l'extérieur et ressentie de l'intérieur que la vie, pour un professeur, se confond avec un statut médiocre, certes, mais préservé, et qui, d'ailleurs, n'inspire à l'intéressé ni honte ni fierté – ce qui explique pourquoi il ne voit nul inconvénient à ce que la société le dévalue en l'appelant un « enseignant ».

Une psychologie prétend qu'un « enseignant » est un adulte immature peureux des périls sociaux, et qui, pour rester dans l'abri de l'école, passe de l'autre côté du bureau. En ce qui me concerne l'hypothèse s'avère pertinente : c'est parce qu'il garantit une situation stable, confortable et sans éclat, que, très tôt, l'enseignement s'imposa à moi comme emploi.

Être enseignant est une sinécure, pensent nombre de gens ; sans doute, et c'est pourquoi il n'est pas si facile de le devenir. Les concours d'entrée dans le corps professoral furent pour moi de terribles obstacles à vaincre. Maintes fois ajourné dès l'écrit à l'agrégation, à laquelle je finis d'ailleurs par renoncer, je me repris à quatre fois pour obtenir le Certificat d'aptitude au professorat de l'enseignement secondaire (le Capes). En fait, ce succès si long à venir était dû à ce ballottement permanent de mon âme entre la négligence et la procrastination. Négligence : au lieu d'étudier les œuvres mises au programme avec un souci d'érudition, je me mettais à dévorer des philosophes périphériques ou des romans. Pendant une période qui dura jusqu'à l'année de ma maîtrise, je lisais même presque exclusivement des livres d'auteurs américains de la « Série Noire », plus tenu en haleine par les enquêtes des privés Sam Spade et Philip Marlowe que par la recherche de la vérité chez Descartes ou chez Malebranche. Ma toquade alla si loin que, au lieu de rédiger mon mémoire, je me mis à écrire quelques chapitres d'un « polar » dans le style « hard boiled » et ultragauche de Jean-Patrick Manchette. Procrastination : lorsqu'une tâche – une révision, une dissertation, un exposé, une recherche, etc. –, se présentait à ma conscience comme ne pouvant pas être différée, il me semblait qu'elle exerçait sur moi une insupportable pression morale que je m'empressais de tenir dans un ironique dédain et que je faisais passer après d'autres futilités plus urgentes. À mes proches qui s'inquiétaient du peu d'entrain que je mettais à suivre mes études supérieures, je répondais que je laissais le temps et la chance travailler pour moi. Et quand, très rarement, il m'arrivait de me reprocher ma flemme, j'invoquais pour ma défense cette sage remarque de Baltasar Gracián selon laquelle l'homme qui s'appuie sur la béquille de l'Attente domine mieux la marche des événements que l'impatient qui s'arme de la massue d'Héraclès.

Quand je dis que mon métier m'est une charge, pour rien au monde, cependant, je n'en changerais – sauf, bien sûr, si, par extraordinaire, mes droits d'auteur d'essayiste passant du simple au centuple, je pusse en démissionner. Au sein des rapports de production, pour parler comme Marx, l'enseignant occupe une place dérisoire mais pas si détestable si on la compare à celle des petits cadres de l'industrie ou du négoce, mieux payés, certes, mais, comme je l'ai noté, plus exposés aux secousses économiques et, surtout, moins riches en temps libre. C'est toujours un motif de scandale et un abcès de ressentiment pour quantité de travailleurs et d'autres professions, même libérales, quand on leur rappelle combien les « profs », en sus de leur sécurité statutaire, jouissent de belles périodes de congés. Impossible de leur donner tort. Sans dénombrer les « ponts » et autres jours fériés, j'ai calculé, en effet, que je n'allais pas au lycée pendant plus de quatre mois dans l'année. Quant à mon service hebdomadaire de cours, puisque je ne prépare jamais aucune leçon, il ne dépasse pas les dix-huit heures, soit, grosso modo, la moitié de la durée légale du travail à laquelle sont soumis les autres salariés – ce qui me laisse des demi-journées de battement appréciables quand l'une d'elles colle à un samedi et un dimanche. J'aurais donc bien mauvaise grâce à regretter d'avoir dégoté un gagne-pain placé sous le signe de la vacance chronique et conforme à mon goût du moindre effort. Quel autre métier aux airs de loisir pourrais-je exercer ? La *skolê*, pour les Grecs, d'où provient le mot de « scolarité », désignait le temps tourné vers l'étude des arts libéraux et la connaissance des belles choses. Or, je me félicite qu'en ce temps de mercantilisme technocratique ne réclamant que des « commerciaux » et des technocrates, subsiste ce vestige de l'antique *paideia*, cette formation des esprits juvéniles à des disciplines superflues telles que la philosophie. À ce sujet, j'ai coutume de dire, et pas seulement par coquetterie, qu'en défendant les valeurs d'une civilisation ancienne au cœur d'une société qui s'évertue à la détruire, je me fais l'effet d'être un agent double.

C'est parce que j'habite une région paisible et agréable que je puis vivre, comme le dit Pessoa, « une vie cultivée et sans passion » ; car, serais-je professeur de philosophie en une grande ville, mes jours ne s'écouleraient pas lentement au bord de l'ennui et je n'aurais pas le temps de méditer. Dans les années soixante-dix, en un temps où la contestation régionaliste était de mode et alors que nombre de mouvements réclamaient le droit des autochtones à travailler dans leur province, leurs villes et leurs villages, un groupe libertaire occitan avait revendiqué quant à lui la liberté de « riém foutar al país ». Ne rien faire de prenant, de fatigant, de productif, de rentable ou d'utile au Pays basque, patrie au climat tempéré des retraités fortunés et des surfeurs, fut exactement le programme que je me fixai et que j'ai respecté. Après avoir vécu les premières années de mon enfance sur la côte sénégalaise, j'échouai avec ma mère, au milieu des années soixante, à la mort de mon père, à Biarritz. Mon Biarritz n'est pas la Lisbonne de Pessoa, mais de ce lieu de villégiature estivale bordé au nord par le palais de la princesse Eugénie et, au sud, par le château du capitaine Nemo, alias le baron Albert de L'Espée, j'ai fait ma capitale, et, aussi, le labyrinthe balisé de mes flâneries. Son atmosphère de station balnéaire fantôme durant l'hiver ; ses vieux hôtels de luxe ; ses modestes pensions ; ses maisons de pêcheurs aux murs salpêtreux ; ses imposantes demeures des années trente construites par des milliardaires cosmopolites ; ses rues et ruelles pentues ; ses lacets piétons qui serpentent le long des plages ; ses rochers et ses falaises attaqués par la houle ; ses tamaris éventrés et tordus par le vent salé mais toujours debout ; ses longs boulevards de sable mouillé qui semblent mener aux Pyrénées par marée basse ; cette ville, où les tempêtes défraient la chronique davantage que les intempéries géopolitiques de la planète, réunissait pour l'orphelin que j'étais toutes les conditions propices à cultiver son *desassossego*.

Aujourd'hui, j'ai la cinquantaine passée. L'ombre de ma vie rallonge. Mon père n'a pas atteint cet âge. Quand il décéda, il venait d'avoir quarante-huit ans. J'en avais neuf. Dans mon entourage, on jugea qu'il n'était pas assez vieux pour disparaître et que j'étais bien trop jeune pour être orphelin. La mort n'a pas ce genre de préjugé. Et puis, m'eût-on considéré comme un orphelin si, à la mort de mon père, j'avais eu vingt ans ? La condition d'orphelin n'est réservée qu'aux enfants. À l'âge adulte, elle prend fin. On considère autour de vous que le temps a dû diluer votre peine et qu'elle circule désormais dans vos veines en doses si infimes qu'elle n'agit plus en vous comme un toxique. Être encore orphelin à trente, quarante, cinquante ans et prétendre que l'on n'est toujours pas guéri de son chagrin ? La chose paraît aussi indécente que si vous traîniez toujours une varicelle pustuleuse. Le chagrin doit rester une maladie infantile.

Mon père aimait Biarritz. En 1963, il y avait acheté, en cette avenue qui domine la baie de la côte des Basques, et d'où l'on aperçoit Bidart, Guéthary et Hendaye, un appartement dans une belle villa en pierre au toit d'ardoise et recouverte de lierre nommée «Marthe-Marie». « Un pied-à-terre idéal pour les étés », disait-il. Même si, finalement, ce pied-à-terre devint pour sa femme et son fils un refuge, il demeura pour moi ce grand deux pièces « vue mer » des grandes vacances sans joie de mon adolescence et, pour ma mère, avec qui je cessai d'habiter dès l'âge de dix-huit ans, la cellule de sa vieillesse et de sa déchéance alcoolique.

La veuve et l'orphelin… Non seulement notre existence, celle de ma mère et la mienne, collait à un lieu commun, mais devenait un cas d'école pour la psychanalyse. Comparant l'épreuve du deuil à l'état mélancolique profond, Freud établit que le deuil est une mélancolie générée par la perte d'un être cher, tandis que la mélancolie est un deuil de son propre moi que l'on a cessé d'aimer. L'endeuillé a perdu quelqu'un, le mélancolique s'est perdu lui-même – en perdant un être qui lui permettait ou lui aurait permis de s'aimer. « Dans le deuil le monde est devenu pauvre et vide, dit Freud, dans la mélancolie c'est le moi lui-même. » Dès lors, si l'endeuillé peut dépasser sa mélancolie en aimant quelqu'un d'autre ou en élisant d'autres objets assez dignes d'intérêt pour compenser l'absence de la personne morte et, par là, reprendre place dans le monde, le mélancolique ne guérit pas du deuil de son moi aimable jamais apparu ou à jamais disparu, et continue à flétrir son moi haïssable – quand il ne désire pas le supprimer lentement ou brutalement.

À en croire Freud, j'étais donc l'endeuillé, ma mère la mélancolique. Sauf que, en ce qui me concerne, si j'ai pris place dans ledit monde grâce à quelques étayages sentimentaux et sociaux, je ne puis me défaire d'un sentiment d'étrangeté à son égard depuis la mort de mon père. Là encore, je donne raison à Freud : un enfant qui perd très tôt son père fait l'expérience de la mort de Dieu. Ou l'orphelin n'aura de cesse de chercher un père de substitution, et, se comportant comme un fils adoptant et adoptif, versera dans l'idolâtrie d'un chef, d'une cause, d'une foi. Ou, à rebours, il n'entendra plus jamais aucune parole, aussi auréolée d'autorité soit-elle, comme un Verbe. Tout religieux, philosophe ou idéologue, lui fera l'effet d'un mystificateur et il recevra n'importe quel idéal de spiritualité, de sagesse individuelle ou de bonheur collectif comme une plaisanterie. Tel fut et tel est mon cas, bien que plus grave encore. Gamin et adolescent, j'éprouvais une incapacité psychique à comprendre la manière dont mes semblables, ceux de mon âge comme les adultes, parlaient du monde et s'évertuaient à se conformer à ce qu'ils en disaient. Évoquaient-ils l'harmonie du cosmos et la marche de l'humanité vers des temps meilleurs, « plus humains », je ne ressentais que les séismes tantôt sourds, tantôt violents, d'une confusion universelle. Je m'étonnais de la sincérité avec laquelle ils relataient leurs hallucinations. Je vivais bien dans la même réalité que la leur et la percevais de façon très vive que ce soit dans la douleur ou le plaisir. Mais, tant par leurs paroles que par leurs comportements, ils me semblaient évoluer dans une autre réalité qu'un chaos. Ils y vivaient comme si, précisément, elle n'était pas un chaos, comme si rien n'y était soumis au hasard, au temps et à la mort, comme si, à quelque détail près, tout y allait de soi, à commencer par leur présence. Je mettais mon incompréhension de leur version de la vie et mon inadaptation à leur monde sur le compte du traumatisme qui m'avait assommé. J'espérais que, les années passant, je finirais par guérir de mon « acosmisme ». Mais, loin d'atténuer mon symptôme, le temps en redoubla les manifestations. Il en va de la tristesse du deuil comme des pulsions refoulées : refouler ne veut pas dire extirper de soi. Plus je l'enfouissais pour faire bonne figure et jouer chaque jour le rôle que l'on doit jouer dans la comédie humaine, plus elle fit corps avec mon âme et finit par muter en ennui – un ennui qui n'est ni la satiété résultant de la jouissance de quelque bien ou situation désirés, ni le vertige du désœuvrement, mais une humeur qui me fait voir le manège du « monde » comme une mécanique foutraque et déglinguée de Tinguely et les faits et gestes des humains comme des gesticulations d'automates loufoques et effrayants. N'accordent crédit aux élucubrations métaphysiques, et ne suivent les mots d'ordre moraux, que les âmes épargnées par le sort d'une expérience catastrophique. Tant qu'un humain n'a pas souffert d'une tragédie personnelle, il ne peut comprendre que l'absurde est autant l'absence et la perte de sens, qu'il en est, comme le montre la folie, la saturation totalitaire. Ainsi les gens les plus sensés s'abîment-ils dans la folie ordinaire de la croyance au monde. Même s'ils se passent de Dieu, ils se figurent appartenir à un Tout formé des deux cercles concentriques d'un ordre naturel et d'un contexte humain soumis à un Progrès. D'où leur implication fébrile et enthousiaste en son sein où point n'est besoin pour eux de reprendre place puisque nul chagrin ne les en a délogés et où ils peuvent donner le cours le plus libre à leur activisme existentiel. Remarquent-ils cependant ici ou là un déficit de valeur, d'idéal, de finalité ? Il n'y a aucun manque de ce genre qui, à leurs yeux, ne peut être comblé. Affaire de foi, disent-ils, et de bonne volonté. Tel est l'objectif de leur « raison pratique » : œuvrer à un monde. Moi que le simple fait de respirer mène au surmenage, je m'effraie du dynamisme et du sérieux avec lesquels mes semblables persévèrent dans l'agitation, comme s'ils pensaient participer à je ne sais quelle mission transcendante, stimulés par le désir d'atteindre à un but mystérieux. Car, si, foudroyante, la mort de mon père me figea d'abord dans un état de stupéfaction et si, peu à peu, je recouvrais l'usage de mon être, je ne pus jamais récupérer la mobilité des gestes et des pensées de l'enfance insouciante grâce à quoi les humains conservent un élan vital. Depuis cet événement, je suis ralenti. La moindre obligation sociale me lasse avant même que j'y sacrifie et m'irrite si elle s'éternise. À peine suis-je en société que le vide me manque. Rien ne m'est plus insupportable que la présence de bonshommes et de bonnes femmes pétant d'optimisme et embesognés à « avancer dans la vie » alors que, au bout de leur trajectoire, leur tombe, déjà ouverte, les attend. Tout devient prétexte à les fuir et, pour me soustraire à l'effervescence générale, à multiplier les pauses : pause amour, pause rêverie, pause sieste, pause soleil, et, au cours de ses pauses, encore des pauses où je tente d'atteindre à la totale immobilité. Si bien que, mises bout à bout, toutes ces pauses finissent par conférer à ma vie un air de *dolce vita* qui n'a rien à envier à la vie bonne prônée par les philosophes et les poètes antiques.

Toutefois, quand je désire fausser compagnie aux fâcheux, alors que, par nécessité, je me trouve parmi eux, je ne connais pas meilleure technique d'absentéisme métaphysique que de me plonger dans un roman ou un essai que j'ai coutume d'emporter partout avec moi. En cours, par exemple, je donne à mes élèves un texte à commenter sur feuille en une demi-heure et, pendant ce temps-là, je termine un chapitre commencé à l'heure précédente. Lors des interminables réunions entre professeurs qui me retiennent au lycée, je feins de m'absorber dans l'étude de tel ou tel document que l'on m'a distribué et dans lequel je cache mon bouquin. Serais-je moins bien élevé, je m'évaporerais pareillement quand je me barbe avec des proches. Même si je n'ouvre pas le livre que j'ai avec moi, sa présence me rassure. Je tiens là, à portée de main, un ami prêt à me faire franchir à tout moment la ligne de démarcation qui sépare la zone de la vie sans l'esprit, occupée par les forces de la bêtise, de la vulgarité ou de la platitude, de la zone libre où l'esprit circule de l'imaginaire à l'intelligence. Je ne cherche pas dans les livres un dépaysement. Si je pratique la lecture comme un art de me transporter mentalement ailleurs, ce n'est pas dans le but de changer d'horizon, mais, au contraire, de retrouver mes pénates les plus intimes. Car, encore une fois, il n'y a que dans le décor où se démènent mes semblables avec le plus grand sérieux que je me sens exilé. Certes, j'exécute les mêmes gestes qu'eux, je m'adresse à eux dans leur langue, mais cela me coûte un effort, le même que celui que j'aurais à faire si j'étais perdu en un pays qui n'est pas le mien. Chaque fois que je referme un livre, je me fais l'effet d'être un évadé malchanceux, rejeté comme par malédiction sur les rivages d'une contrée dont il est impossible de partir – tel le N° 6, incarné par Patrick McGoohan dans le feuilleton télévisé *Le Prisonnier.* De retour chez les indigènes du prosaïque, je dois me réadapter à des mœurs et à des idiomes dont j'ai tout oublié quelques minutes ou quelques heures, le temps d'une excursion dans un arrière-monde peuplé de personnages ou de pensées. En régressant du livre au réel, je m'aperçois que les importuns que j'avais quittés se sont entre-temps métamorphosés en barbares ne sachant rien de la vie de mes amis Arturo Bandini, Bernardo Soares, Hank Chinaski, qui sais-je encore, et rien non plus de la question de la grâce efficace chez les jansénistes, de l'absurde chez Giuseppe Renzi, ou encore du double chez Clément Rosset. Que j'aie plus de plaisir à retrouver un héros de roman que n'importe quel autre type en chair et en os, même des plus sympathiques ; que je montre de la fougue à débattre d'un thème théologique, ontologique ou esthétique et de l'ennui à écouter parler de sport ou de problèmes syndicaux, tout cela leur apparaît comme un tel signe de marginalité intellectuelle que, entre eux et moi, toutes les conditions d'une parfaite incommunicabilité sont réunies.

Quand, parfois, je pense que mon père pourrait revenir à l'improviste, il me réapparaît tel que je le vis pour la dernière fois à Dakar : un quadragénaire plutôt grand, assez fort, les traits un peu lourds, les cheveux châtain foncé coiffés en arrière. Je me demande quelle genre de relation j'aurais avec lui. Comment me tiendrais-je face à cet homme devenu plus jeune que moi ? De quoi parlerions-nous, lui en provenance des années soixante – il mourut en 1966 – moi ayant fait sans lui le voyage jusqu'à nos jours ? Même dans les mois qui suivirent sa mort, je n'ai jamais désiré que ce miracle ait lieu – preuve, me dira-t-on, que le « travail » du deuil était en bonne voie. Bien sûr, l'idée m'est venue aussi que l'écriture était pour moi le moyen d'établir avec lui un dialogue occulte. Peut-être est-ce la vérité. Mais en partie, seulement. Car en cette vie cultivée et sans passion à laquelle je m'adonne, je passe davantage de temps à projeter d'écrire qu'à écrire. Le chagrin forme les dilettantes.

3

« Les idées sont des succédanés
des chagrins. »

Marcel Proust

Je n'ai lu Proust que tardivement – à l'âge de vingt-cinq ans. Les huit tomes d'*À la recherche du temps perdu* m'intimidèrent longtemps. Ce n'était pas le volume de l'œuvre qui m'arrêtait mais le préjugé selon lequel lire cet auteur relevait plus d'un devoir de culture littéraire que d'un plaisir de lire. Pourtant, au sortir de l'université, je décidai de commencer la *Recherche* et d'en venir à bout. Le motif qui fit tomber mon appréhension était de retrouver le passage où Proust écrit que « les idées sont des succédanés des chagrins ». J'avais quelques fois entendu cette sentence, citée par des romanciers lors d'émissions de radio ou de télévision. Elle me frappa. Par sa brièveté, d'abord, qui ne correspondait pas à la description que l'on faisait d'ordinaire de la phrase proustienne, longue et lente à se clôturer. Par sa puissance suggestive et persuasive, surtout. Son sens m'était évident. Pourtant, prise à la lettre, elle manque de clarté.

Un « succédané » est une substance qui en remplace une autre – comme la saccharine tient lieu de sucre. Or, en quoi des idées pourraient-elles, en nous, se substituer à nos chagrins – et en édulcorer la teneur ? Je pressentais que Proust ne voulait pas dire exactement cela. Après, donc, des semaines d'incursion dans la *Recherche,* je trouvai enfin la page où la phrase figurait, à savoir à la moitié du dernier tome, *Le Temps retrouvé*, où Proust expose sa conception de la création, tirée de sa vie même.

Je sais bien que, parce que Proust reproche à Sainte-Beuve de ne pas distinguer, pour évaluer un écrivain, l'homme de l'œuvre, on lui prête l'idée qu'un livre ne reflète en rien le moi de son auteur. Total contresens. Car lorsque Proust écrit – dans « La méthode de Sainte-Beuve » – qu'« un livre est le produit d'un autre *moi* que celui que nous manifestons dans nos habitudes, dans la société, dans nos vices », il ne fait que récuser la liberté que s'autorise la critique à « juger » une œuvre à partir de la façon de vivre de son auteur, en somme de mélanger morale et esthétique. Que Chateaubriand, par exemple, selon les témoignages de ses voisins, de ses amis, de ses amantes, ou sur la foi de sa correspondance, ait été pour son entourage un goujat ou un gentleman, un courageux ou un couard, n'apporte rien au jugement littéraire concernant son œuvre fût-elle autobiographique comme les *Mémoires d'outre-tombe*. Inversement, les *Mémoires* ne nous permettent pas de juger l'homme Chateaubriand, mais le Chateaubriand écrivant sur Chateaubriand : l'écrivain. La tâche de la critique est de montrer comment les *Mémoires* s'éclairent de l'intérieur même par leur composition, leur rythme, leur ton, leur force évocatrice et, ainsi, fera-t-elle la lumière sur leur auteur comme *artiste*. Veut-elle donner un éclairage extérieur de l'œuvre, intention légitime, sans doute des renseignements « biographiques » sur l'auteur ne seront-ils pas inutiles à condition de ne pas négliger que le moi de Chateaubriand s'altère quand il relate les événements de sa vie pour offrir à son lecteur le récit d'un moi transposé dans une autre vie, celle des mots – plus exactement de *ses* mots – et que Proust, dès lors, qualifie de plus *vraie*. Ce moi autre, auquel l'écrivain confie sa plume, bien que plus intime que son moi social, n'en demeure pas moins à ses propres yeux insaisissable – comme on le dit de quelqu'un dont on a du mal à cerner la personnalité. Aussi, dit Proust, « ce moi-là, si nous voulons essayer de le comprendre, c'est au fond de nous-mêmes, en essayant de le recréer en nous, que nous pouvons y parvenir ». En conséquence, pas d'œuvre sans introspection. Se lancer à la recherche du temps perdu c'est tenter de ramener à la surface du langage un moi propre perdu de vue, réapparaissant peu à peu à lui-même à la faveur de l'écriture. Nulle nécessité d'écrire, selon Proust, si ce n'est pour se retrouver. C'est pourquoi, donc, sans altérer son récit, Proust revient dans *Le Temps retrouvé* à des considérations sur son art romanesque, illustrées de souvenirs personnels et romancés, scrutés à la loupe de sa mémoire à la fois émotive et « théorique », lesquelles, je l'avais noté avec satisfaction, s'opposent à celles rencontrées chez les philosophes. Platon, par exemple, voit dans le génie poétique le pouvoir qu'un dieu exercerait sur l'âme d'un mortel pour le plonger en transe et, tel un ventriloque, pour s'exprimer par sa bouche. Kant, lui, y décèle un don inné grâce auquel l'artiste parachèverait des productions que la nature n'accomplit pas immédiatement. Qu'ils relient l'art au surnaturel ou à la nature, tous deux en font un transport. À les en croire, l'artiste œuvre dans l'euphorie, saisi par des flux psychiques qui le dépassent et orientent son savoir-faire – l'enthousiasme, selon Platon ; l'inspiration, selon Kant. Aucune divinité ni aucun élan créateur ne soulèvent Proust. Proust n'éprouve pas l'écriture comme une ivresse, mais s'y consacre comme à une pénible thaumaturgie libératrice ou, même, une thérapeutique :

transfigurer la souffrance en verbe. Au commencement de chacune de ses lignes est le chagrin, passion toxique contre laquelle il n'est en rien immunisé et qui l'accable, mais aussi, comme on l'observe avec une substance longtemps présente dans un organisme, qui lui devient nécessaire. Le chagrin peut tuer. Mais si la commotion qui l'a causé n'est pas mortelle, il se dilue alors dans les veines et se fond dans les cellules, modifiant peu à peu la perception sensible et psychologique de la réalité. Avec le temps, le chagrin mute en mélancolie, cette conscience en recul de tout, allergique à la vie laborieuse et agitée, mais résolument observatrice. Les Allemands appellent la mélancolie la « maladie du temps », comme si le passage des secondes, des minutes, des heures, des jours, des semaines, des mois et des ans rongeait les humains telle une substance corrosive invisible mélangée à l'air qu'ils respirent. L'écriture de Proust en exhibe les stigmates. En elle se lisent les échecs, les deuils, les séparations, les déceptions, les trahisons et même les maux physiques, autant de ravages intimes subis au cours de sa vie comme des « coups de vieux » et dont il s'efforce de transcrire, en les déplaçant dans la fiction d'un récit, les circonstances de leur avènement et, aussi, toutes les nuances de douleurs qu'ils lui infligèrent et qui persistent, sourdes. Si écrire revient à témoigner que vivre c'est souffrir, le témoignage ne vaut rien si, comme il arrive, on a été ménagé par la vie. Pour l'écrivain, dit Proust, et la remarque s'applique à tout artiste et au philosophe, rien n'est moins fécond que le « bonheur ». Une bonne santé, un confort bourgeois et des jours tranquilles le disposent au « divertissement » des obligations sociales, des mondanités, des affairements de toutes sortes où se perdent son cœur et son esprit, et, par là, appauvrissent son expérience des êtres et des choses. Une intelligence déliée et cultivée lui permettra de ficeler des ouvrages plaisants, récréatifs, au goût du jour, mais si peu pénétrants qu'ils finiront par ennuyer autant que les pensums les plus graves. « La plus perdue des journées est celle où l'on n'a pas ri », dit Chamfort, maxime à laquelle Proust fait écho par cette autre : « Les années heureuses sont les années perdues », raison pourquoi l'écrivain « attend une souffrance pour travailler ». Pour œuvrer à un roman, de « grands chagrins » lui sont « utiles » en ce qu'ils mettent en marche la pensée et l'imagination « machines admirables » mais souvent « inertes » et produisent un état qui, s'il n'évolue pas vers un total abattement où toute perception serait anéantie, aiguise sa sensibilité. Proust ne parle pas du chagrin comme d'un foyer d'inspiration, mais comme de la condition de la représentation esthétique, c'est-à-dire réaliste, de l'existence – par où il apparaît que si Proust a quelque affinité avec un philosophe, ce n'est pas, comme beaucoup l'ont affirmé, avec Bergson, mais avec Schopenhauer. Sans doute que Bergson et Schopenhauer s'accordent sur l'idée qu'un artiste, quel que soit son domaine d'expression, donne à voir dans son œuvre la réalité telle qu'elle est, en ses détails et en sa complexité, non parce que des apparences trompeuses la cacheraient aux autres humains, mais parce que préoccupés par leur survie économique, une carrière à réussir, une usine ou une boutique à gérer et à faire fructifier, des enfants à élever, etc., elle demeure inaperçue à leurs regards distraits et superficiels. Affairés à collaborer au fonctionnement du grand tout social, comme des fourmis dans leur fourmilière, ils négligent de considérer leur propre destinée individuelle comme un drame singulier mêlé à d'autres drames non moins singuliers qui se déroulent dans un décor à l'image de leurs passions chaotiques. Auraient-ils à évoquer avec précision les motivations de tant de gesticulations et à décrire avec justesse leur environnement le plus familier, comme leur entourage le plus intime, ils n'ânonneraient que des généralités et des pauvretés. Mais, alors que pour Bergson l'art n'existe que parce que la nature ferait « accidentellement » des humains « détachés » de l'action et voués à la contemplation de la réalité, pour Schopenhauer l'art est une activité d'infirme. L'artiste souffre d'une atrophie du vouloir-vivre compensée par une hypertrophie de la conscience. Moins il vit, mieux il voit. Quelle que soit la raison de sa faible puissance d'exister – une maladie native, une grave blessure psychique reçue en son enfance ou les affres successives essuyées au cours de sa vie –, un artiste se sent disqualifié pour participer directement à la tragi-comédie humaine mais, de ce fait, bien placé pour assister au spectacle et le retranscrire. Proust, à sa manière, ne dit rien d'autre. Les chagrins brouillent d'abord ses yeux de larmes, mais, à mesure qu'elles se tarissent, ils augmentent l'acuité de son regard et avivent chez lui le désir de le traduire par des mots, c'est-à-dire en idées. « Les idées sont des succédanés des chagrins » et, ajoute Proust, « au moment où ils se changent en idées ils perdent une partie de leur action nocive sur notre cœur, et même au premier instant, la transformation elle-même dégage subitement de la joie. » Proust ne décrit donc pas une idée comme ce qui remplace un chagrin, mais, plutôt, comme le résultat de l'évolution d'une sensation en représentation, métamorphose à la faveur de quoi naît une nouvelle émotion : la joie esthétique. Schopenhauer souligne combien l'amateur de tragédies théâtrales, en assistant là-bas, sur la scène, depuis son fauteuil, à l'infortune d'un héros, ressent soudain au plus fort de la catastrophe une « joyeuse révélation » – non qu'il se réjouit du malheur d'un mortel, mais de la représentation du malheur comme condition humaine même. Il n'est ni Œdipe ni Othello, mais ce que Sophocle et Shakespeare montrent de leurs personnages lui apparaît d'une troublante similitude, fût-elle virtuelle, avec son propre moi. À ce moment, rien de ce qui est humainement tragique et pathétique ne lui est étranger – expérience de vérité enfin éclose qu'il vit avec la même allégresse qu'un aveugle recouvrant l'usage de ses yeux. Sans doute pareille joie est-elle stérile pour ne remédier en rien à la malchance d'être né, elle satisfait néanmoins le désir, même s'il est le moins répandu au monde, de connaître l'essence de l'existence, insignifiante et vulnérante. Certes, dès que les acteurs auront disparu dans la coulisse et que le théâtre refermera ses portes, l'amateur de tragédies retrouvera aussitôt la vie, son cortège d'humiliations, de tourments, d'angoisses et son invincible force à se leurrer, à s'inventer de grandes finalités. Mais, le temps qu'aura duré la pièce, il aura cessé de souffrir du vouloir-vivre en tant que tel pour jouir de l'*idée* du vouloir-vivre et des souffrances qu'il inflige aux humains. Durant deux ou trois heures, Sophocle ou Shakespeare auront changé ce quidam aveuglé par ses affects en conscience détrompée – preuve, selon Schopenhauer, que la poésie dramaturgique surclasse la philosophie en matière de pédagogie de la lucidité. Proust ne partage pas d'autre conception quant à la littérature. À cette nuance près, bien sûr, que le passage du vouloir-vivre, source de souffrances à la représentation du vouloir-vivre génératrice de joie, s'effectue d'abord en lui, par son écriture. Comparant son art de la description et de la figuration à celui du peintre, Proust évoque à propos de son imagination son « atelier intérieur », où les mots, tels des mines, des pinceaux ou des couteaux, opèrent la transsubstantiation des chagrins en idées romanesques – en personnages, en caractères, en intrigues, en paysages, etc. – grâce auxquelles, en les associant, il compose un feuilleton véridique des sentiments, dont il a le jubilatoire privilège d'être le premier lecteur. Ce qui ne signifie pas qu'écrire guérit du chagrin – tant il est vrai que nul malheur ne vaccine contre un autre – mais en atténue l'intensité et en retarde quelque peu les effets mortels. Car découvrir et révéler la vérité sur l'enfer que l'on porte en soi n'épargne pas de ses affres. Avant de se peindre la tête entourée d'un pansement, Van Gogh s'est tranché l'oreille, puis il se tira une balle dans ventre. « Les chagrins sont des serviteurs obscurs, détestés, contre lesquels on lutte, sous l'empire de qui on tombe de plus en plus, des serviteurs impossibles à remplacer et qui, par des voies souterraines, nous mènent à la vérité et à la mort », dit Proust finissant par récuser sa notion de « succédané ». Et de résumer le seul bonheur auquel peut prétendre l'écrivain : entendre sonner l'heure de la vérité avant l'heure de la mort.

4

« L'histoire d'une vie est toujours
l'histoire d'une souffrance. »

Arthur Schopenhauer

Mon pessimisme n'a jamais été une conception philosophique consistant à affirmer que le monde est régi par le Mal plutôt que par le Bien, ni même un trait de caractère qui me ferait voir tout en noir, mais l'idée très claire et, au fond, banale, que vivre c'est souffrir au sein d'un univers qui n'est pas un cosmos mais un chaos. En cela, tout le monde est pessimiste. Chaque humain éprouve intimement l'inconsistance et l'absurdité de son existence et sait qu'il n'est qu'une monade acosmique livrée à la dissolution de toute chose. Simplement, il existe deux manières de vivre avec ce sentiment. D'une part, il y a le grand nombre des pessimistes malheureux que l'inexistence du monde terrorise tant qu'ils se convertissent à l'optimisme du salut et gobent les bluffs éthiques – tous ces discours qui leur font miroiter une vie bonne, réussie, authentique, béate, réconciliée avec la mort, la vieillesse, la douleur et l'échec. D'autre part, il y a le petit nombre des pessimistes heureux, qui, eux, *volens nolens*, s'accommodent du pire et prennent parfois le parti d'en rire – car ils ont ce sens de l'insignifiance que l'on appelle l'humour. Naturellement, quand ils philosophent, les pessimistes heureux s'avèrent décevants aux yeux de la foule des pessimistes malheureux pour ne lui délivrer aucun message de consolation ni rien de significatif sur la meilleure façon de vivre. Ils aggravent leur cas quand ils évoquent ce dont personne ne veut entendre parler, à savoir le néant de tout. C'est le cas de Schopenhauer.

Au fondement de tout ce qui advient, vit et se meut dans l'univers, Schopenhauer perçoit l'action de la Volonté (*wille*) – soit une force implacable, inconsciente, aveugle. Un « élan », un « effort », une « énergie », une « impulsion », dit-il encore. La Terre qui tourne sur son axe et autour du Soleil ? Volonté. Le flux et le reflux de la mer ? Volonté. Un volcan qui crache sa lave en fusion ? Volonté. Une graine plantée en terre qui donne un arbre ? Volonté. Un lion qui poursuit sa proie ? Volonté. Des bestioles, petites ou grosses, qui forniquent et se reproduisent ? Volonté. Une limace qui rampe dans la boue ? Volonté. Des enfants qui jouent, des hommes qui s'entretuent, une femme qui allaite son bébé ? Volonté. Ainsi, du microcosmique au macrocosmique le Tout n'est que l'ensemble infini des manifestations de cette dynamique productrice immanente – d'où la communauté d'essence entre les humains et les animaux, mais, aussi, les végétaux, les minéraux, les planètes, les étoiles, etc.

Chez l'humain, et chez lui seul, la Volonté, en s'incarnant dans un organisme sophistiqué, produit la pensée. Dès lors, par le truchement de cette faculté cérébrale, la Volonté devient pour elle-même objet de représentation imaginaire ou rationnelle. Autrement dit, le monde prend forme phénoménale, donnant lieu soit à des spéculations fantaisistes – religions, croyances, superstitions –, soit à des connaissances objectives – physique, chimie, biologie, etc.

Cependant, même scientifiques, les représentations n'en demeurent pas moins superficielles dans la mesure où, générées par la Volonté, elles consistent non à se percevoir en elle-même mais à projeter sur ses « effets » des catégories ou des notions purement intellectuelles. Les phénomènes semblent répondre à une causalité, à une finalité, à un devenir ? Tout cela n'est qu'interprétation suscitée par le « principe de raison », représentation mentale et pragmatique d'où procèdent toutes les autres. Il n'y a que pour l'intellect que tout est causé dans la nature –

que tout y a sa raison d'être – et, donc, que tout obéit à des causes, des buts et des motifs – illusion encore plus marquée quand il s'agit de se représenter le devenir individuel ou collectif des humains. La Volonté inspire à son sujet des théories déterministes, finalistes, logiques et morales qui ne font que l'interpréter sans parvenir à l'expliquer et pour cause : s'affirmant sans *pourquoi* ni *pour quoi*, elle produit et reproduit le monde tel qu'il est, parfois avec quelques variantes ou variations, mais toujours sans nécessité, sans dessein et sans le vouloir.

Totalement mû par ses instincts, l'animal n'a nulle représentation de la Volonté qui l'anime ni, donc, du milieu dans lequel il vit et meurt. L'humain, en revanche, chez qui la Volonté engendre l'intellect, non seulement prend conscience de ses besoins physiques et de ses tendances affectives mais, aussi, des phénomènes du monde. Dès qu'il atteint à cette double aptitude, le voilà frappé d'« étonnement ». « En dehors de l'humain, nul être, dans la nature, ne s'étonne de sa propre existence », rappelle Schopenhauer. « Étonnement », signifie ici non pas un effet d'heureuse surprise devant un événement peu commun, mais, au contraire, une « stupéfaction douloureuse » face à une banalité : le fait de vivre et de mourir. Se savoir propulsé sans raison et provisoirement dans un univers éternel et insensé, provoque dans la pensée humaine un coup de tonnerre (sens premier du mot « étonnement ») qui ne cesse, par la suite, de la hanter. Parce que l'humain est affecté d'une conscience, Schopenhauer le définit à la fois comme un « animal malade » et un « animal métaphysique ». « L'obsession de la mort, la douleur et les misères de la vie donnent la plus forte impulsion à la réflexion philosophique. Si notre vie avait un sens et se déroulait sans douleur, aucun de nous ne se demanderait pourquoi le monde existe et pourquoi il est tel ; tout irait de soi. »

De notre premier souffle jusqu'au dernier, les maux nous affligent sans cesse. Quand ils nous épargnent, brefs moments que nous appelons « bonheurs », nous ne sommes pas pour autant sereins. Nous nous savons en sursis, menacés par le pire (*pessimus*) et nullement à l'abri. À tout moment nous risquons des maladies graves, des destructions dues à des cataclysmes naturels, les dégâts d'une crise économique, les carnages d'une guerre, la pauvreté et son cortège d'humiliations ; nous redoutons surtout à chaque instant la présence nuisible de nos semblables toujours prompts à donner libre cours soit à leur violence physique soit à leur méchanceté morale. Voilà pourquoi l'optimisme, s'emporte Schopenhauer, « quand il n'est pas un verbiage dénué de sens que tiennent nombre de têtes plates, est une opinion *impie*, une odieuse moquerie en face des ineffables douleurs de l'humanité ».

En s'affirmant dans les organismes vivants, la Volonté obéit à un principe d'individuation. Si, chez les animaux, l'instinct générique prend le pas sur l'instinct individuel, chez les humains, à l'inverse, la conscience de l'individualité occulte, voire censure le sentiment d'appartenance à une espèce – raison pour laquelle la compassion, dont Schopenhauer fait grand cas, reste l'apanage du tout petit nombre. Chaque *ego* s'imagine incarner un point unique et central autour de quoi l'univers doit tourner – attitude qui ne manque pas, bien sûr, d'attirer sur elle l'hostilité des autres *ego*. Pareil égoïsme aux effets dévastateurs surgit dès l'enfance. Un cou d'œil sur une cour de récréation suffit à donner tout son sens à la formule de Thomas Hobbes – philosophe auquel Schopenhauer ne manque jamais de rendre hommage –, formule évoquant la violence naturelle des humains : *bellum omnium contra omnes*. Pareil spectacle, en effet, tumultueux et bruyant, ressemble à « une guerre de tous contre tous », tant les passions puériles qui s'y affrontent rappellent le choc des armes et les clameurs de haine des cirques antiques et préfigurent le chaos sanglant des champs de bataille ou des villes insurgées. Pour peindre d'un trait l'égoïsme sanguinaire des humains dans une hyperbole dont il a le goût et le talent, Schopenhauer écrit : « Plus d'un serait capable de tuer ses semblables et prendre la graisse de leurs cadavres pour s'en frotter les bottes. »

Pour illustrer la sociabilité misanthropique des humains, Schopenhauer use d'une autre parabole, celle, célèbre, du troupeau de porcs-épics : par une rude journée d'hiver, des porcs-épics se blottissent les uns contre les autres dans l'espoir de se réchauffer ; mais à peine se touchent-ils qu'ils se heurtent à leurs piquants et se rejettent tous dans le froid glacial qui, à nouveau, en les transperçant, les incite à se serrer entre eux et, donc, à se blesser mutuellement. Ce continuel va-et-vient entre deux souffrances – esseulement et promiscuité – n'est suspendu, dit Schopenhauer, que lorsque les bêtes trouvent « une distance moyenne qui leur rend la situation supportable ». Cette distance, concernant les humains, n'est autre que le *droit*. Influencé, là encore, par Hobbes, Schopenhauer constate que l'enfer que les *ego* se font vivre mutuellement dès qu'ils se côtoient s'adoucit quand ils instituent l'État avec ses règles, ses juges, sa maréchaussée, ses échafauds. Sans abolir les conduites anarchiques et belliqueuses des désirs humains – aucune législation n'arrête la

Volonté –, l'État parvient, du moins quand il ne mégote pas sur ses moyens de coercition, à établir un ordre collectif permettant une coexistence relativement pacifique ou pacifiée des égoïsmes. Dans une société coiffée par un État fort « chacun poursuit le bien de tous, parce que chacun sait que son bien propre y est contenu ». En cela, ce que l'on appelle « morale » ne se distingue pas de ce que l'on appelle aussi « justice ». Non la justice comme vertu mais comme contrainte policière et judiciaire avec son arsenal d'obligations et de sanctions. Aux yeux de Schopenhauer, un humain juste n'est pas un humain bon ou sage, mais un citoyen craignant le gendarme et qui file droit devant la loi.

Le public semi-lettré, ignorant les livres majeurs de Schopenhauer, seulement friand de ses opuscules pamphlétaires extraits des *Parerga et Paralipomena*, se forge de lui l'image pittoresque d'un philosophe morose et atrabilaire. Quand j'étais étudiant, les universitaires le tenaient dans le mépris, ou, quand ils condescendaient à évoquer son œuvre, le condamnaient pour sa dangerosité idéologique. J'ai souvenir d'un livre paru en 1988 – à l'occasion du bicentenaire de sa naissance – dans lequel de doctes chercheurs avaient joint leur talent et leur honnêteté pour mettre en garde les lecteurs contre la mauvaise influence intellectuelle et morale que pourrait encore exercer sur eux le maître du pessimisme et les invitaient à l'oublier. Unetelle y dénonçait sa pitié pour les animaux et sa haine des Juifs, untel sa démystification du bonheur, tel autre son incompréhension du bouddhisme.

Schopenhauer n'est pas un philosophe pour professeurs mais un esprit fécond pour la littérature et l'art. De toute l'histoire de la philosophie, il est sans doute le seul. Je me mis à lire *Le Monde comme volonté et comme représentation* quand je compris l'impact que cet ouvrage eut sur des écrivains, des peintres et des cinéastes de mon panthéon – Maupassant, Flaubert, Huysmans, Tolstoï, Hardy, Kafka, Proust, Mann, Céline, Beckett, Bernhard, Ensor, Munch, Dix, Bacon, Bergman, Lewin, Peckinpah, Visconti, Antonioni, Allen. Les critiques, les commentaires ou les études qui leur étaient consacrés ne manquaient jamais de signaler le « fond » ou les « accents » schopenhaueriens de leurs œuvres respectives. Certes, leurs romans, leurs toiles ou leurs films n'étaient pas de fidèles illustrations esthétiques de la philosophie de Schopenhauer, mais faisaient écho à sa tonalité.

C'est en effet une tonalité, terme commun à la peinture et à la musique, qui séduit chez

Schopenhauer. À peine ouvrons-nous *Le Monde comme volonté et comme représentation* que nous sommes pris par une écriture alerte au service d'une pensée puissante et grave et qui n'hésite pas à nous plonger en une atmosphère où s'entendent à travers certaines pages les pleurs, les gémissements, les grincements de dents et le bruit formidable des tueries mutuelles des humains.

Dans la préface de son ouvrage, Schopenhauer précise qu'il ne développe pas sa philosophie sous forme d'un système mais d'un organisme. Toute partie contient les autres. « Aucune n'est ni la première, ni la dernière. » Mais si l'on en néglige une, la totalité de la pensée ne sera pas perçue ni comprise. En outre, dit-il, il convient de lire *Le Monde* deux fois. Dans un premier temps on suivra l'ordre logique des chapitres, et, ainsi, en un second temps, rien n'empêchera de l'aborder par n'importe quelle entrée.

Quand je reprends *Le Monde*, je vais sans balancer à la troisième partie. Schopenhauer y expose sa conception du plaisir esthétique qui fait contrepoids à la théorie de la béatitude de Spinoza. Pour l'auteur de *L'Éthique*, c'est par la « connaissance du troisième genre », par une faculté intuitive échappant au brouillage de l'imagination, que l'âme pénétrant et saisissant les déterminismes naturels, se libérerait de ses affects. Pour l'auteur du *Monde* c'est grâce à la contemplation cathartique des œuvres d'art que la conscience devient « sujet pur de connaissance ». Le sage spinoziste est un scientifique ; le sage schopenhauerien, un esthète.

En posant le primat de la Volonté en toute forme d'existence, Schopenhauer affirme par là même la prédominance chez les humains des appétits corporels, à commencer par la sexualité, et des tendances affectives sur leur intellect. Seule la contemplation esthétique les affranchit de sa tyrannique influence. Mais encore ne concerne-t-elle qu'un petit nombre. Car, « l'homme ordinaire, souligne Schopenhauer, ce produit industriel que fabrique la nature à la cadence de plusieurs milliers d'exemplaires par jour, est incapable de cette aperception désintéressée » ; déterminé par ses besoins qui le poussent à un utilitarisme de l'action et de la raison, « il ne peut porter son attention sur la réalité que dans la mesure où elle se rapporte à son vouloir-vivre ». Capable, assurément, d'intelligence, de compétence ou de performance en tel ou tel domaine indispensable à la société (les sciences, les techniques, la politique, le commerce, etc.), l'homme ordinaire pèche par sa cécité intuitive à l'égard de ce qui constitue le substrat même de l'existence en général et de la sienne en particulier et, *a fortiori*, par son insensibilité devant les œuvres d'art qui expriment, révèlent, exposent l'omniprésence comme l'omnipotence de la Volonté. Redoutant les moments de loisirs qui lui donneraient la sensation vertigineuse de l'ennui, il cherche de nouvelles excitations dans quantité d'attractions, de divertissements et de jeux qui confortent le philistinisme de ses appétits et de son esprit. Si le manque de goût qui le caractérise ne l'affecte pas et l'autorise même à déclarer sans scrupule son mépris pour le beau, c'est parce qu'il est dépourvu de tout génie qui suppose une carence native ou accidentelle du vouloir-vivre. L'homme ordinaire, précise Schopenhauer, est formé de deux tiers de volonté et d'un tiers d'intellect. À l'inverse, l'homme de génie possède deux tiers d'intellect et un tiers de volonté. Le génie se définit dès lors chez un humain comme une paradoxale pathologie générant une force d'hyper représentation de la réalité – sorte de « quatrième genre de connaissance » nécessaire à l'artiste, mais aussi, en une mesure moindre, à l'amateur d'art. En nous exposant l'ordre et la connexion des choses, la science nous montre la Volonté par le petit bout de la lorgnette du principe de raison ; dans les chefs-d'œuvre de la peinture, de la poésie, de la littérature et du théâtre – s'il l'eût connu,

Schopenhauer aurait ajouté le cinéma – l'art nous la révèle en soi, et à la loupe grossissante, sous forme d'Idées objectives et universelles. L'artiste génial est comme cet évadé de la caverne de Platon qui, à la lumière crue de son intellect, sait définir précisément les objets et les êtres dont les ombres se reflètent dans la plus grande confusion sur la paroi souterraine. Il n'établit nulle relation causale entre eux, mais en décèle des traits généraux pour les ériger en archétypes. Molière nous décrit tous les radins dans *L'Avare* ; tous les hommes qui aiment les femmes dans *Dom Juan* ; tous les faux-culs dans *Tartuffe*. Le fabuleux bestiaire de La Fontaine nous rappelle combien les mœurs ne varient jamais malgré le temps. En peignant la cruauté des hommes ou les saccages du temps, Bosch, Goya, Schiele nous surexposent la douleur d'exister en son essence même. Dans *Madame Bovary* Flaubert démonte les mécanismes mortels de nos illusions narcissiques, Kafka, dans *Le Procès*, les rouages étatiques qui nous écrasent, Houellebecq, dans *Les Particules élémentaires*, les ressorts déprimants de notre plaisir sexuel. Le temps de la contemplation picturale, de la représentation théâtrale, de la lecture poétique ou romanesque, nous accédons à une connaissance claire, distincte et *jubilante* de tout ce que produit la Volonté dans l'univers et en nous-mêmes. En cela, toute grande œuvre répond exactement à la définition scolastique de la vérité : une adéquation entre la conscience et la réalité. L'expérience esthétique nous exempte des sempiternelles gesticulations à quoi nous vouent nos désirs, nous délivre de la douleur et de l'ennui qui rythment notre vie, nous prémunit, au moins momentanément, de l'illusion. Certaines œuvres de la pensée offrent l'occasion d'une telle expérience, à commencer par celle de Schopenhauer. Dans une nouvelle parue en janvier 1883 dans un numéro de *Gil Blas*, intitulée *Auprès d'un mort* – le mort en question étant Schopenhauer lui-même veillé par deux admirateurs qui sursautent de frayeur quand du cadavre s'échappe le dentier qui donnait à leur maître son sourire sarcastique –, Maupassant parle du génie du philosophe en ces termes : « Qu'on proteste ou qu'on se fâche, qu'on s'indigne ou qu'on s'exalte, Schopenhauer a marqué l'humanité du sceau de son dédain et de son désenchantement. Jouisseur désabusé, il a renversé les croyances, les espoirs, les poésies, les chimères, détruit les aspirations, ravagé la confiance des âmes, tué l'amour, abattu le culte idéal de la femme, crevé les illusions des cœurs, accompli la plus gigantesque besogne de sceptique qui ait jamais été faite. Il a tout traversé de sa moquerie, et tout vidé. Et aujourd'hui même, ceux qui l'exècrent semblent porter, malgré eux, en leurs esprits, des parcelles de sa pensée. »

Pareille félicité, suscitée par l'extase esthétique et logée comme une brève parenthèse dans le pire, s'intensifie lorsque nous écoutons une œuvre musicale. La Volonté, qui, d'ordinaire, ne se perçoit que sous forme phénoménale et, dans l'art, que sous forme intelligible, ne se laisse jamais entendre, dans l'acception sensorielle du terme, comme puissance sonore silencieuse. Or, c'est le silence même de la Volonté que la musique donne à écouter. En cela, un grand compositeur est avant tout une fine oreille qui, entendant l'imperceptible musique de la Volonté, s'en fait « l'interprète » et, ainsi, entraîne l'auditeur libéré durant l'écoute de toute relation pratique au monde dans une méditation somnambulique sans concepts ni raisonnements – « un exercice de métaphysique inconscient, dit Schopenhauer, à la faveur duquel l'esprit ne sait pas qu'il philosophe ».

Le lecteur timoré de Schopenhauer aurait la tentation d'interpréter les pages du *Monde* consacrées à la joie de l'expérience esthétique dans le sens d'une concession accordée à l'optimisme, voire à une éthique du salut par le beau. Ce serait confondre béatitude et rémission.

L'artiste lui-même ne se sauve pas dans la contemplation de la Volonté, ni lorsqu'il la traduit dans ses œuvres, car, précise Schopenhauer, le temps de la création ne le délivre de la douleur que pour quelques instants bien courts. Il en va de même pour les amateurs d'art : la contemplation esthétique les soulage provisoirement du mal de vivre, mais ils rechutent sitôt qu'ils retournent à leurs affaires.

Le plus sot des contresens serait de voir en Schopenhauer un apologiste du suicide. Sans doute, tels des Sisyphes condamnés par la Volonté, les humains portent-ils jour après jour, vers un sommet illusoire, l'accablante charge de leur vie. Sans doute, d'aucuns, parmi les plus malheureux, parvenus au plus haut point du dégoût et du désespoir, veulent en finir. Mais la mort qu'ils veulent pour eux n'est qu'une ruse de la Volonté : désirer mourir, c'est encore désirer. Sans condamner le suicide, Schopenhauer rappelle simplement qu'en supprimant leur individu ils ne tueront pas ce qui les a poussés à vivre. En s'imposant dans leur geste autodestructeur, la Volonté leur infligera l'ultime affront de n'être même pas maîtres de leur propre mort.

5

« Ne sois pas trop juste, ne pratique pas trop la sagesse : pourquoi te rendre ridicule ? »

L'Ecclésiaste

« Avant d'apporter, comme chaque matin, la collation du réveil à son maître, un plat de raisin et de dattes, le vieux Jacob ouvre les volets de la chambre. Le soleil, très haut, blanchit les collines environnantes. Une légère brise du nord maintiendra quelque temps la transparence de l'air. Située à une demi-lieue de là, Jérusalem, blanche et ocre, semble très proche. Pour protéger la terrasse de la chaleur, Jacob déroule l'épais velum de toile claire jusqu'à la balustrade. La luminosité s'adoucit. Dans son lit, le jeune maître, éveillé, la tête dans ses mains croisées, tourne son regard en direction de la lumière entrante. Il vient de passer une nuit blanche. Encore une. La veille, il s'est rendu au cabaret du quartier parthe où il a bu du vin et s'est isolé jusqu'aux premières clartés de l'aurore avec une jolie petite putain noiraude. De retour chez lui, au lieu de se coucher, il s'est installé à la table de sa chambre, tâchant de reprendre la rédaction de son poème auquel il n'a réussi qu'à ajouter ces mots :

> … Plus on est sage plus on a de chagrin et qui augmente son savoir ajoute à sa souffrance
> … Alors je me suis dit : "Eh bien ! Tâche de vivre dans la joie ! Goûte donc au plaisir !" Cela aussi était vanité.

— Une fois de plus mon maître n'a pas dormi, dit le serviteur en déposant l'assiette de fruits sur le meuble de chevet.

— Mon vieux Jacob, je dormirai quand le soleil m'importunera de son éclat.

— Mon maître doit savoir que Dieu n'aime pas les hommes qui se couchent quand Il éclaire sa création.

— Garde pour toi ces sornettes de rabbin, vieil homme. Au plus grand nombre, Dieu a donné le soleil pour leur permettre de travailler et de faire la guerre ; au petit nombre, Il a réservé la lune pour qu'ils philosophent et prennent du bon temps avec les belles.

— Mon maître oublie de dire que c'est dans les ténèbres qu'agissent aussi les démons et les brigands.

— Tu as raison, mon ami. Maintenant, laisse-moi. Prends ta journée et tâche de ne rien faire.

Le serviteur parti, le jeune maître se redresse sur sa couche et picore quelques dattes. “Depuis quand ai-je perdu le sommeil ?”, se demande-t-il. “Depuis que Dieu m'a fait voir le jour.” Il se souvient alors qu'enfant, contrairement à ses frères et sœurs qui redoutaient la nuit, il se sentait toujours mieux à l'arrivée du crépuscule quand peu à peu le monde disparaît par pans entiers et quand l'ombre étouffe le tapage des humains. Dans l'obscurité presque totale, profitant du sommeil de toute la famille et des domestiques, il s'échappait de la vaste demeure et, prenant place sur le toit de l'écurie, chaudement vêtu d'une houppelande de laine, il contemplait le ciel et les paysages faiblement illuminés par la lune. À cet âge, déjà, la création lui semblait un spectacle inutilement grandiose sous le soleil, alors que, dans le noir, elle touchait à l'essentiel. »

Parfois, en fouillant dans un tiroir de mon bureau, je tombe sur ce premier feuillet d'une vie romancée de l'Ecclésiaste que je commençai voici quelques années et que je ne poursuivis jamais.

En introduction à sa traduction du Qohéleth, Jean Bottéro rappelle que ce poème, contemporain, peut-être, du *De natura rerum* de Lucrèce, est un faux. Son auteur use de mots araméens ;

or le roi Salomon qui régna au - Xe siècle ignorait cette langue.

Selon Amiel, tout paysage est un état d'âme. Inversement, tout état d'âme donne à voir un paysage. Or le pseudo-Salomon éclaire le monde de sa noirceur. Non que tout soit « sombre » sous le soleil, mais tout y est vanité. Vaine la création dont les éléments, des plus immenses aux plus minuscules, souffrent d'une existence dérisoire, vaines la tentation et la tentative des humains de donner un sens à pareille insignifiance. Autant « poursuivre le vent ». Si les rabbins compilateurs des textes bibliques ont cru bon d'intégrer l'Ecclésiaste au corpus des Écritures, c'est parce qu'il peut être lu comme le *lamento* de l'homme sans Dieu, privé de toute providence après la Faute. Ces générations d'humains qui se succèdent sans fin, ces jours qui laissent toujours place aux nuits et ces nuits aux jours, ces vents qui soufflent dans toutes les directions, se calment puis repartent, ces fleuves qui vont à la mer sans jamais la remplir, tout indique que, depuis la Chute, le temps n'est autre qu'une éternité déréglée, un faux devenir impuissant à engendrer du neuf et voué à plonger les humains dans l'hébétude et l'angoisse. Or le faux Salomon n'est ni hébété ni angoissé, seulement pénétré de doute et d'ennui. C'est un esprit ayant assez cultivé les voluptés de la perplexité pour sourire des vérités religieuses comme des certitudes philosophiques. S'il invoque Dieu, c'est à la manière d'un auteur grec ou romain faisant de même avec Zeus ou Jupiter, coquetterie rhétorique qui lui permet de désigner la contingence de toute réalité, naturelle ou humaine. Et s'il dénie à la raison le pouvoir de connaissance, c'est parce que les humains ont une âme à peine plus intelligente que celles des animaux – infime différence qui ne leur donne aucun privilège quant à leur destination dernière car :

Tous ont été tirés de la poussière,
tous retourneront à la poussière.

Il y a même du ridicule chez les humains à vouloir tout comprendre et tout expliquer alors que, entre la naissance et la mort, leur existence oscillant entre paix et guerre, prospérité et misère, succès et échec, santé et maladie, amour et trahison, etc., n'est qu'une suite de sensations tantôt plaisantes tantôt douloureuses dont ils ne peuvent que constater l'absurdité et s'y résigner. À quoi bon s'enquérir de la raison pour laquelle Dieu inflige l'épreuve du mal aux plus doux des humains et, dans le même temps, accorde ses bienfaits aux crapules, puisque, à tout moment, tout peut changer, la justice chasser l'injustice

– avant qu'elle ne soit chassée à nouveau ? Rien de plus épuisant que de s'évertuer à trouver un *pourquoi* aux événements qui se produisent inéluctablement sous le signe de l'alternance et de la répétition, autrement dit qui échappent à toute finalité – à tout *pour quoi*. Les humains se posent sans cesse cette question, refusant d'admettre que l'exercice de leur pensée sera toujours l'expérience du ressassement.

À l'époque où je découvris l'Ecclésiaste, j'étais encore à l'université où je venais d'achever non sans peine la lecture de *L'Éthique* de Spinoza. Le lyrisme de l'agnostique blasé chassa de mon esprit l'ennui que générèrent les démonstrations du géomètre de la pensée et de l'étendue. Mais je gardai cela pour moi. Parmi mes condisciples, et, bien sûr, mes professeurs, je n'eusse pas été bien vu d'avouer que les raisonnements qui saturent *L'Éthique* m'asphyxièrent. Avec cette œuvre divisée en cinq parties commençant par la puissance de Dieu et s'achevant par la liberté de l'homme et son accès à la béatitude, Spinoza passait à leurs yeux pour un sommet de rigueur intellectuelle. À les écouter, à chaque ligne de son maître ouvrage s'exprimait l'entendement divin soi-même. Je me laissai intimider par tant de jugements laudateurs formulés par des lecteurs autrement plus sérieux que moi. Surtout que, outre sa doctrine, la biographie de Spinoza forçait la sympathie. Son excommunication, le coup de poignard qu'il reçut sitôt après assené par un fanatique, son départ d'Amsterdam, son retrait solitaire et ascétique à La Haye où il refusa les honneurs d'hommes puissants, son indignation ouverte lors du massacre des frères de Witt, son audacieuse critique historique des Écritures, tous ces épisodes paraient à juste titre le personnage d'une aura héroïque et suscitaient chez certains étudiants des années 1970 un romantisme de la dissidence. Ce fut donc en secret que je tins *L'Éthique* pour un étouffe-chrétien impossible à déglutir tant sur le plan stylistique que philosophique.

Le morceau qui aujourd'hui encore ne passe pas est le dernier chapitre consacré au salut des hommes. Il m'apparaît contradictoire avec les quatre premiers qui décrivent leur inconsistance et leur impuissance à « réduire et gouverner leurs affections ». Spinoza suggère un anti-finalisme : dans la « nature naturante » les phénomènes se produisent sans autre but que celui de se produire. Nulle différence entre une cause dite finale et une cause efficiente. Si le soleil diffuse sa lumière et sa chaleur, cela ne signifie pas qu'il a été produit pour éclairer et chauffer la terre, même si, en effet, il l'éclaire et la chauffe. Tous les phénomènes ne font qu'exprimer l'infinie puissance de la nature qui ne produit que parce que son essence est de produire. Ayant l'habitude d'assigner un but à leurs propres productions, une utilité ou une fonction, les humains perçoivent l'ordre et la connexion des phénomènes naturels à travers le prisme de leur imagination, de leurs émotions et de leurs désirs tantôt contentés tantôt contrariés. Quand donc ils s'imaginent qu'une chose existe pour telle ou telle finalité, ils ne font que prêter des intentions à la nature. Leur hallucination s'aggrave quand ils conçoivent leur propre existence : ils se figurent que le fait d'être des humains n'est pas qu'un simple fait, mais que leur raison d'être obéit à une autre raison, vision fantasmatique qui leur fait accroire que la nature aurait le dessein, en les « créant », de leur réserver un « empire dans son empire ». L'anthropomorphisme est un délire. Dans la quatrième partie de *L'Éthique*, en désignant sous le terme générique de « servitude » les « forces des affections », Spinoza montre que la vie des hommes n'est qu'une « fluctuation » de pathologies incurables. Chaque humain dont le désir est par nature limité par les désirs de ses semblables et les actions qu'exercent sur lui les autres phénomènes extérieurs encaisse des chocs et essuie des blessures. Il n'y peut rien : en raison de sa nature même de « mode » soumis à l'ordre des relations qui gouverne l'infinité des autres modes, il ressent plus souvent des « passions tristes » que de la joie. Or, si, pour chaque humain, vivre c'est persévérer dans la douleur et l'adversité, par quel miracle ou exception naturelle serait-il en sa puissance d'atteindre à la béatitude comme le prétend la cinquième partie de *L'Éthique* ? En réalité, l'idée de la possibilité du salut relève d'un tour de prestidigitation conceptuel à la faveur duquel Spinoza change l'être en devoir-être, le truc étant d'introduire subrepticement un finalisme dans son anthropologie : si l'essence de l'humain est le désir, si la félicité est l'accord entre le désir et la nature, alors, la finalité de l'existence humaine est la félicité. Il suffit de changer l'idée inadéquate de cet accord (telle que les ignorants se l'imaginent selon leurs affects) par son idée adéquate (telle que le savant Spinoza la forge selon sa raison). Les humains qui conçoivent la félicité comme la possession de biens vulgaires et périssables – l'argent, les honneurs et les plaisirs – s'exposent à de graves déconvenues puisque d'autres plus puissants qu'eux peuvent les leur dérober à tout moment ou en jouir avant eux en plus grande quantité. Outre qu'ils seront en proie à un pénible sentiment de dépossession, ils seront également ravagés par de plus tristes passions telles que l'envie, la jalousie, la haine, etc., qui mineront le déroulement tranquille de leurs jours. D'où, pour Spinoza, proche en cela d'Épicure, la « prudence » de s'en tenir à des appétits mesurés qu'il leur sera aisé de satisfaire et ne susciteront que peu de rivalités, mais qui, pour autant, ne leur apporteront pas la félicité suprême. Condition nécessaire, leur tempérance restera insuffisante. Voilà pourquoi le *mobile* véritable du *conatus* ne peut être que « l'amour intellectuel de Dieu ».

Cette idée d'un « amour intellectuel » m'est obscure, autant que pourrait l'être celle d'une raison haineuse. Un spinoziste m'objecterait que j'évacue l'objet de cet amour, à savoir Dieu. Et d'étaler des formules équivalentes : par « amour intellectuel de Dieu », Spinoza entendrait non pas une dévotion envers un Dieu personnel – cela, je l'avais compris – mais la saisie intuitive et objective des essences de la nature qui aurait pour effet de dépassionner notre âme. En passant de la tristesse de l'ignorance à la joie du savoir, nous participerions de la puissance même de l'entendement divin ou, cela revient au même, de la rationalité naturelle. Bref, par amour intellectuel de Dieu Spinoza désignerait l'enivrante maîtrise des sciences de la nature que notre âme, à chaque découverte, saluerait par un allègre « Eurêka ! ». De bien grands mots pour vanter une modeste satisfaction. Que nous puissions, quand nous sommes dans la peine, nous changer les idées ou éprouver de l'agrément en nous adonnant aux mathématiques ou à des recherches en physique ponctuées de récréatifs combats d'araignées, peut-être, mais de là à diminuer et à dominer nos affections et accéder à la béatitude…

Rapporté à l'histoire personnelle de Spinoza, le principe selon quoi plus un humain augmente son savoir plus il diminue sa tristesse et perfectionne son être sonne faux. Un humain peut fort bien accroître ses connaissances en tel ou tel domaine et rester ignare et désarmé face aux choses de la vie. Tout ce qu'il en apprendra d'essentiel viendra de l'expérience du malheur, qu'il en vive un ou qu'il en soit le témoin – et cela ne le sauvera en rien. En 1656, à l'âge de vingt-quatre ans, Spinoza est frappé d'un décret d'excommunication, et, dès lors, vit comme un réprouvé. Avant d'être lui-même victime de la brutalité de ses coreligionnaires, il assiste, enfant, à la flagellation qu'ils infligent à Uriel da Costa en châtiment de ses opinions hétérodoxes sur le Talmud. Humilié, l'hérétique se fera sauter la cervelle. Dans ses écrits, Spinoza passe sous silence ces événements. Dans son *Traité de l'autorité politique*, il avertit que, par souci de neutralité scientifique, il y tâche de ne « pas railler les actions humaines, de ne pas les déplorer ni de les haïr, mais de les comprendre ». Ses commentateurs et admirateurs voient là un trait manifeste de sa magnanime sagesse. L'amertume à l'état brut n'inspire peut-être pas de bonnes théories ni le meilleur des styles – mais, la raison, chez Spinoza, pas davantage. En 1664, les *Maximes* de La Rochefoucauld paraissent et circulent en Hollande. Avant de s'appliquer à exposer aux livres III et IV de *L'Éthique* les « propriétés » de chacune des passions comme si elles étaient des « lignes, des plans et des solides », Spinoza a-t-il compulsé ce recueil ? Il aurait eu sinon plaisir du moins bénéfice à lire là une démystification des rapports humains écrite d'une plume trempée dans l'encre acide et raffinée de la mélancolie. En comparant les sarcasmes du vieux frondeur aux raisonnements du philosophe, comment ne pas songer à la justesse de la distinction pascalienne entre esprit de finesse et esprit de géométrie, le premier si *adéquat* pour démasquer les vices sous l'apparat des vertus, le second si indispensable pour embrouiller sous un dehors méthodique la psychologie humaine ? « Dans cet habillage extérieur, remarque Jean-François Revel à propos du *more geometrico* de *L'Éthique*, il n'y a guère plus de nécessité que dans le jeu qui consisterait à présenter un traité de gastronomie sous la forme d'un code pénal » ; car « il est à craindre qu'un tel ouvrage ne servirait ni à faire de la bonne cuisine ni à rendre une bonne justice ». Surtout que, à vouloir se cantonner au registre des définitions, propositions, lemmes, démonstrations, corollaires et autres scolies pour exposer sa typologie des affections, Spinoza, sans le vouloir, rate son éloge de l'amour et confère une légitimité éthique au ressentiment. À l'en croire, les « passions tristes » opéreraient en nous « le passage d'une plus grande à une moindre perfection » – formule par laquelle il veut peut-être dire qu'elles amoindriraient, au contraire de la joie, notre vitalité physique et psychique. « La Haine, écrit-il, est une Tristesse qu'accompagne l'idée d'une cause extérieure » ; quant à l'envie « elle est la Haine en tant qu'elle affecte un homme contristé par la félicité d'autrui », si bien que « qui imagine que ce qu'il a en haine est détruit, sera joyeux ». Traduction et déduction : si nous haïssons quelqu'un parce qu'il nous a fait du tort ou parce que nous déplorons de ne pas posséder les mêmes avantages que lui, il suffit que nous obtenions de cet individu réparation ou que nous jouissions à notre tour de tout ce que nous lui envions, pour que nous devenions joyeux et, par là, que nous passions d'une moindre à une plus grande perfection – d'où l'invitation implicite à nous revancher et à nous enrichir par tout moyen. Le fait est que ni la haine ni l'envie ne nous rendent passifs. La première est désir de destruction d'autrui, la seconde, désir de lui reprendre ce que nous imaginons qu'il nous a pris. Ces désirs déploient une telle puissance qu'ils se soumettent notre intelligence pour qu'elle serve leur action. Bien sûr, Spinoza indique que la voie de l'amour, cette « Joie accompagnée de l'idée extérieure de sa cause », est préférable à celle de la violence et de la concupiscence pour « extirper » en nous la tristesse que nous inspirent nos ennemis ou nos rivaux. Pour peu que nous nous accoutumions à traiter ces derniers en amis ou alliés, recommande-t-il, joyeux de nous voir bienveillants envers eux, ils cesseraient en retour de nous vouer leur colère. Beau principe – appel au devoir-être – qui oublie l'implacable interaction mécanique des passions. La haine et l'envie suscitent la haine et l'envie et sont nécessairement accrues par cette réciprocité. Les passions agressives nous animent d'une énergie plus vive qu'un amour arbitrairement décrété pour nous consoler de l'affliction où nous plongent nos semblables – énergie activée par le plaisir que nous retirons à gâcher leur existence. Chez certains humains haine et envie additionnent leur pouvoir de nuisance générant une rage euphorique qui leur fait perdre de vue le motif de leur vengeance – en témoigne, par exemple, la jubilante violence du herem que les dévots du Mahamad d'Amsterdam prononcent contre Spinoza, et, plus tard, contre son ami Juan de Prado, imputant à ces deux hommes les actes les plus odieux sans jamais en citer un seul, l'essentiel étant de se repaître de leur anéantissement.

« Un homme libre ne pense à aucune chose moins qu'à la mort et sa sagesse est une méditation non de la mort mais de la vie. » Cette proposition m'inspire le même sentiment qu'à la première lecture. Spinoza crâne. C'est un peu pitié qu'un philosophe pose à l'homme libre indifférent à la mort, à la sienne ou à celle de ses proches, et qui, pour rester cohérent avec le système qu'il invente, va jusqu'à alléguer je ne sais quelle éternité de l'âme. Avec le concept de désir rationnel, Spinoza réhabilite le chimérique pouvoir de la raison et de la volonté sur les passions ; avec la foi en un amour intellectuel de Dieu, il cherche à ôter aux religions le monopole d'un idéal de spiritualité et de salut ; avec le déni de la mort, il repousse le sentiment tragique de l'existence. En écrivant le plus sérieusement du monde que « l'Ignorant, [...] sitôt qu'il cesse de pâtir, cesse aussi d'être », tandis que « le Sage [...] ne cesse jamais d'être et possède le vrai contentement », il offre un asile de plus à l'illusion. Voilà pourquoi, quand je croise un spinoziste, je ne manque jamais de lui recommander la méditation de ce passage de l'Ecclésiaste :

> Le Sage a ses yeux à leur place,
> Et l'Insensé marche en l'obscurité !
> Je me suis pourtant rendu compte qu'un destin identique les attend tous les deux.
> Et j'ai dit à part moi : "Une fin pareille à celle du fou m'attend donc, moi aussi ? Mais alors, que me sert d'avoir été si sage ?" Et j'ai déclaré en moi-même que cela aussi était vanité. Il ne reste pas plus de souvenir du sage que du fou, à jamais : quelques jours passent, et déjà ils sont oubliés l'un et l'autre.

6

« Le but de notre carrière, c'est la mort. »

Michel de Montaigne

Montaigne meurt dans son manoir à cinquante-neuf ans, le 13 septembre 1592. Il était temps. Depuis des années, la santé désertait ses reins et la joie, son cœur. Il souffrait de coliques néphrétiques, de crises de goutte et de poussées de mélancolie qui, jour après jour, le rendaient inapte aux brefs plaisirs de l'existence – même au « déduit » que Marie de Gournay, sa jeune admiratrice, aurait pu lui faire goûter.

Au cours de sa vie, Montaigne fut le témoin direct de désastres humains, comme la répression royale qui rougit les rues de Bordeaux du sang de ses bourgeois révoltés, la folie meurtrière qui s'empara des protestants et des catholiques, et, pour finir, les ravages de la peste, qui emporta son ami Étienne de La Boétie. Mais, pour lui, la plus sournoise des dévastations était imputable à la vieillesse. Il la considérait comme l'ennemie qui ne désarme jamais, dont les attaques se font en douce et dont les destructions ne sont visibles qu'après coup.

La vie est une infection. Une contamination du néant par le temps. Sitôt contractée, sauf à en finir par le suicide ou par un accident, elle persiste jusqu'à épuiser le corps et l'âme. À quarante ans, Montaigne craignait que, chez lui, la déchéance physique précéderait celle de son esprit. Le jour viendrait où son propre corps lui paraîtrait si vieilli qu'il le regarderait avec éloignement et honte – comme cela arrive dans un vieux couple, où le mieux conservé des deux compagnons assiste, malgré lui, avec un rien de répugnance, à l'irrémédiable décrépitude de l'autre. Sa crainte ne fut pas déçue. « J'ai des portraits de ma forme de vingt-cinq et de trente-cinq ans, consignait-il peu avant de mourir ; je les compare avec celui d'asteure : combien de fois ce n'est plus moi ! Combien est mon image présente plus éloignée de celles-là que de celle de mon trépas ! » Hormis certains traitements pris dans des villes d'eaux qui avaient pu le soulager, Montaigne tenait la médecine pour une foutaise et les doctes qui la professaient pour de funestes charlatans. Contre le mal de la vieillesse, qu'il définissait comme la mort « qui se coule naturellement et imperceptiblement » en lui, il ne voyait d'autre remède, justement, que la mort elle-même. Et pas plus que les médecins ne réussissaient à ralentir le processus de démolition de son corps, les philosophes qu'il lisait ne lui permettaient de calmer son angoisse de l'impotence. La seule sérénité à laquelle il goûtait par intermittence lui venait du marasme de ses organes. « Nous appelons sagesse la difficulté de nos humeurs, le dégoût des choses présentes. » Mais, en même temps, le souvenir des « réjouissances » à jamais perdues le hantait et le torturait. Puisque la vie lui réservait davantage de déplaisirs que de plaisirs, il tâchait de se résigner à la perspective d'une fin proche. Jadis, même loin « des faubourgs de la vieillesse », pas un jour ne passait sans qu'il ne pensât déjà au dernier moment. En atteignant la cinquantaine, sa « préméditation » du « maître jour » devenait une méditation de chaque instant. Il ne songeait plus à la mort elle-même, mais au « mourir ». Même s'il aimait relire les textes antiques relatant le départ délibéré de grands hommes comme Socrate, Caton ou Pétrone, ils ne l'incitaient pas à « déloger » de même. Il n'en avait pas le courage. Certes, de toutes les morts, la « plus volontaire » lui semblait la plus belle et la plus digne. Mais loin de lui l'idée de faire du suicide un sacrement. C'était une « sortie raisonnable » qu'il laissait aux autres. Voilà pourquoi, concernant sa mort, il s'en remettait à la nature, espérant qu'à mesure où elle lui ôtait sa vitalité, elle lui ferait désirer froidement l'ultime passage du « mal-être au non-être » ; ou bien, plus bienveillante encore, qu'elle le surprendrait en train de planter ses choux. Ce n'était donc pas la philosophie qui lui apprenait à mourir, mais l'approche de la mort qui lui apprenait à philosopher. Piètre consolation. Au lieu d'un doux et bref passage, la nature lui réserva une agonie des plus dégradantes. Atteint d'un phlegmon aux amygdales qui lui sectionna les cordes vocales et dégénéra en septicémie, Montaigne vécut les trois derniers jours de sa vie comme une interminable torture. Étouffée dans sa gorge, la douleur n'en jaillissait que dans des râles violents. Son corps transi de fièvre se tortillait bruyamment sous les yeux d'une famille, d'un voisinage et d'une valetaille pressés que le rideau tombât sur ce spectacle si peu ragoûtant. Comme s'il avait pressenti ce qui l'attendait, Montaigne écrivit un jour qu'il serait préférable de mourir seul ou loin de chez soi, de n'être pas, en tout cas, assiégé par les pleureuses, les faux geignards et les curieux. Le mieux serait de jouir de la présence d'un ami véritable, car, disait-il, « si nous avons besoin de sage-femme à nous mettre au monde, nous avons besoin d'un homme encore plus sage à nous en sortir ». Mais il savait que, pour tout mortel, l'épisode final de la vie, qu'il y ait ou non un public, « c'est l'acte à un seul personnage ».

Les philosophes ont-ils existé ? En lisant les ouvrages de certains d'entre eux, j'en doute. Pour attester, par exemple, l'existence de Platon, de Spinoza et de Kant, ni *La République*, ni *L'Éthique*, ni *Critique de la raison pure* ne peuvent à proprement parler faire office de preuves. Si je n'ignore pas que ces hommes furent les auteurs respectifs de ces trois textes majeurs de la philosophie, ce n'est pas au cœur même de leurs pages que je l'apprends, mais par le biais de divers témoignages humains et documentaires, analysés, vérifiés, puis mis en forme par des historiens. Ce qui me donne la vague assurance que ces philosophes ont existé et que, durant le temps de leur existence, ils eurent le loisir de composer une œuvre, c'est une maigre notice biographique insérée en fin de volume. Je découvre alors qu'ils sont nés à telle époque, ont écrit tel et tel livre, et puis sont morts, entrant ainsi dans l'Histoire, mais, finalement, sans histoires. En somme, si je finis par admettre qu'ils ont existé, je me demande s'ils ont vécu.

Quand Ludwig Wittgenstein fait parvenir à un éditeur le manuscrit de son *Tractatus logico-philosophicus*, il joint à l'adresse de ce dernier une lettre où il précise que le texte qu'il va lire ne constitue qu'un volet superficiel de sa philosophie, que l'essentiel tient dans un autre livre, celui-là non écrit, où il est question non de la vie mais de sa vie. Car la vie, selon Wittgenstein, étant tout ce qui arrive à un humain, elle constitue par là même, pour cet humain-là, le seul thème philosophique digne de ce nom – à condition, toutefois, que les mots qui en rendent compte soient adéquats. José Ortega y Gasset, à la même époque, ne dit rien de très différent avec sa définition de la métaphysique : « La vie est celle de chacun. Si bien que si on veut philosopher sérieusement sur la vie, c'est à condition de le faire de l'intérieur, depuis un au-dedans singulier, à condition de parler de soi-même. » Wittgenstein et Ortega soulignent la double question qui mérite d'être posée quand on s'intéresse à la philosophie : quelle place occupe la vie du philosophe dans son œuvre et quelle place occupe l'œuvre du philosophe dans sa vie ?

Quand j'étudiais la philosophie à l'université, c'est incidemment que je sus que Platon n'était pas présent le jour où Socrate, parmi ses amis, dans sa cellule, but la ciguë, que Spinoza avait la manie d'organiser des combats d'araignées et que Kant détestait dîner seul. J'aurais aimé apprendre pareilles anecdotes sous la plume même de chacun de ces trois philosophes. Mais chez eux, comme chez les universitaires qui leur succéderont, sévit le préjugé selon lequel ces petites histoires ne peuvent prendre place dans l'histoire de la philosophie. Pour nombre de philosophes, par ailleurs si friands de mythes, une anecdote ne toucherait pas à l'essentiel d'une œuvre et ne s'ébruiterait qu'à seule fin de satisfaire la curiosité indiscrète des gens. Car, disent-ils, on ne doit pas confondre la curiosité du concierge, relevant du voyeurisme, et la curiosité du savant, obéissant quant à elle à un noble intérêt intellectuel. Pourtant, que sont la vie et l'œuvre d'un philosophe, sinon un entrelacement de faits anecdotiques ? Quelle différence réelle distingue la curiosité du savant de celle du concierge ? En tout cas, chez moi, ces deux curiosités n'en font qu'une et j'incline à affirmer que le premier regard que l'apprenti philosophe doit pouvoir porter sur un auteur est celui du domestique qui, entrant au matin dans la chambre de son maître, l'aperçoit en petite tenue. Et si Platon était absent le jour de la mort de Socrate, parce que ce dernier le méprisait ? Et si Spinoza se livrait à ses jeux d'entomologiste pervers pour se délasser de ses raisonnements *more geometrico* ? Et si Kant envoyait son valet chercher un convive pour passer, le soir, à des plaisirs *intéressés* avec un homme plutôt qu'avec un « Je pense » ? Une œuvre purement théorique ne peut donner une philosophie *vivante*. Pour qu'elle le soit, il faut connaître de la part même de son auteur la « circonstance vitale » selon l'expression d'Ortega, qui l'a générée et où elle s'est développée. Plus on collectionnera les anecdotes ayant trait à un philosophe, mieux on verra l'homme. Voilà pourquoi, encore une fois, jeune étudiant en philosophie, je regrettai de ne pouvoir aborder ou parfaire ma connaissance des œuvres par des portraits plus détaillés de leurs auteurs, ou mieux, par des autoportraits, brossés sous forme de mémoires, de journaux intimes ou de confessions. Mais voilà pourquoi je fus heureux de pouvoir lire, concernant la période antique, l'ouvrage de Diogène Laërce, *Vies, doctrines et sentences des philosophes célèbres*, si précieux pour pénétrer dans le monde des idées *via* l'anecdotique existence des philosophes.

Il me plaît de savoir que le livre de chevet de Montaigne fut précisément cette somme de Diogène Laërce. « Car, écrivait-il, je ne considère pas moins curieusement la fortune et la vie de ces grands précepteurs du monde, que la diversité de leurs dogmes et fantaisies. » Pour Montaigne, foin de déférence et de révérences ; si un philosophe lui donnait à voir une grandiose vision du monde, il ne s'interdisait pas, quant à lui, de voir le philosophe par le petit bout de la lorgnette. Montaigne aimait les idées, certes, mais il aimait surtout la voix qui les portait jusqu'à lui pour en deviner le timbre et le ton. Si un livre de philosophie le laissait perplexe, il pouvait très bien dire à propos de son auteur, dont il découvrait la personnalité, ce que Dirk Bogarde dans *Le Cavalier noir* dit du message de Jésus rapporté dans les Évangiles : « J'aime le chanteur, pas la chanson. »

Malgré ses coups de sang et ses accès de misanthropie, Montaigne n'avait rien d'un atrabilaire. Cependant, si j'en crois ce qu'il dit de son aversion pour les fâcheux, je me réjouis de savoir que je partage avec lui pareil goût pour une *cultura animi* faite de lectures à la fois studieuses et désinvoltes avec ses auteurs favoris, répétées dans une certaine solitude – celle que lui offrait la tour de son domaine, où, ayant aménagé sa « librairie », il se remémorait aussi l'amitié qui le « coutura » pendant quatre ans à Étienne de La Boétie.

À vrai dire, j'ai toujours eu du mal à me laisser convaincre par le récit que fait Montaigne de son amitié, à la mode antique, pour La Boétie. Autant je comprends la formule « parce que c'était lui, parce que c'était moi », qui signifie ni plus ni moins, qu'il y avait entre eux assez de malentendus pour susciter et perpétuer une réciproque sympathie, autant l'image de leurs deux âmes si bien superposées qu'elles n'en faisaient qu'une me laisse perplexe. Beaucoup d'emphase pour justifier une illusion affective partagée par deux hommes affamés de concorde au milieu de guerres fratricides. Je crois davantage Montaigne lorsqu'il prétend que, sitôt présentés l'un à l'autre au parlement de Bordeaux, en 1558, l'« accointance », entre eux, se fait sur-le-champ. Étienne estime Michel pour sa finesse, Michel admire Étienne pour avoir écrit, à dix-huit ans, le *Discours sur la servitude volontaire*. Avec cet homme de trois ans son aîné, Montaigne se sent volontiers obligé de se hausser au niveau d'un esprit qu'il juge – à tort – supérieur au sien. Quand ils « confèrent », c'est durement : « [...] J'aime une amitié qui se flatte en l'âpreté et vigueur de son commerce, comme l'amour, dans les morsures et égratignures sanglantes. » D'un côté, La Boétie, champion formé par le Portique et, de l'autre, Montaigne, champion de même catégorie, entraîné par Pyrrhon. On devine l'intensité des rencontres. D'ailleurs pour Montaigne, à condition d'être entre « hommes galants », tous les coups tordus de la rhétorique sont permis. Ils redressent le jugement. Ce qui ne veut pas dire que Montaigne n'aime pas à s'entretenir aussi avec les jeunes femmes. S'il les apprécie pour leurs « grâces corporelles », qu'il ne dédaigne jamais quand elles les lui offrent, il les recherche aussi pour les « grâces de leur esprit » auxquelles, en homme de la Renaissance, il prête une vertu civilisatrice. Certes, il en connaît qui font parade de leur caquet et d'autres qui ne se livrent « que d'une fesse » ; mais, en général, il les trouve « belles et honnêtes ». Or, justement, pour Montaigne, civilité oblige, on ne parle pas avec une jeune femme comme on parle avec un homme. Avec elle, on évite, comme on dit, les sujets qui fâchent, pour n'aborder que les sujets qui rapprochent. Néanmoins c'est un commerce où il se tient un peu sur ses gardes. Parce qu'il peut se changer en un corps contre corps, un tête-à-tête exclut la gravité de la passion comme le sérieux doctrinal. Tout l'art du gentilhomme est de faire glisser une demoiselle ayant le sens de la conversation vers la conversation des sens. Flirter n'est pas débattre. Pour Montaigne, il n'y a débat que s'il y a combat viril, même si ce combat se déroule comme un jeu de séduction, où il faut accepter la possibilité d'être vaincu ou convaincu. De même qu'un jeune Athénien, après une controverse serrée avec Socrate, devait avoir plaisir à se rendre à ses doutes, de même Montaigne plie volontiers devant les arguments d'une puissante pensée. « Quand on me contrarie, on éveille mon attention, non pas ma colère ; je m'avance vers celui qui me contredit, qui m'instruit. » Montaigne dit vrai. Je sais par expérience qu'en se frottant à la force du brio, mon esprit, pourtant peu souple, se muscle et se lustre. Mais je sais aussi combien l'aubaine est rarissime de rencontrer un homme ou une femme chez qui les lectures et la méditation nourrissent et façonnent la parole. À l'art de conférer, les gens préfèrent la communication, ou, pire, la convivialité.

Quand, en août 1563, Montaigne perd son ami Étienne de La Boétie, sa vie devient « fumée, nuit obscure et ennuyeuse ». La tristesse amenuise en lui l'énergie requise pour continuer à jouer, même à trente ans, le rôle de gentilhomme tenu par des charges, obligé aux grimaces du courtisan et aux simagrées du libertinage. Assuré que la fortune ne lui présentera plus un interlocuteur aussi valable que La Boétie – Marie de Gournay, « sa fille d'alliance », n'entrera dans sa vie que vingt-cinq ans plus tard –, il projette de se retirer sur ses terres dès que possible. Il entrevoit qu'en cette retraite, propice « à sa liberté, à sa tranquillité, à ses loisirs », il se consacrera au commerce de la lecture et de la relecture des Anciens – et aussi de certains contemporains – dont la plupart des ouvrages lui ont été légués par La Boétie. En réalité, il sait déjà que dans le sein de sa bibliothèque, logée derrière les épaisses murailles de sa tour, il s'adonnera en silence à un commerce du quatrième type : l'écriture.

Quand on se rend au domaine de Montaigne, on tombe sur un château à l'architecture prétentieuse et sans caractère n'ayant nulle ressemblance avec celui où vécut son seigneur et maître. Dévasté par un incendie après sa mort, il fut reconstruit au fil des décennies selon le goût de ses différents et successifs propriétaires. D'ailleurs, on ne le visite pas. Les communs, en revanche, adossés au mur d'enceinte, sont demeurés en l'état, avec, aux deux extrémités, une petite tour. Ces défenses n'ont rien d'imposant. Plutôt qu'une place forte, elles annoncent la maison d'un riche terrien seulement soucieux de mettre en valeur ses vignes et ses champs. Montaigne veillait tant à donner de lui l'image d'une neutralité religieuse et politique, qu'il ne fermait jamais les portes de son château ni ne les faisait garder par des hommes en armes. Du moment où huguenots et catholiques laissaient leurs dogmes et leurs janissaires aux écuries, ils y étaient reçus avec les mêmes égards. En ces temps de guerres et de persécutions, le pari de la paix et de la tolérance était risqué, mais il paya.

Pacifique, Montaigne aimait surtout qu'on lui fiche la paix. En 1571, dégagé provisoirement de son mandat au parlement de Bordeaux, il décida de s'approprier et d'aménager une tour du château. Il y entrait au rez-de-chaussée par une petite chapelle. Il ne s'y arrêtait guère mais, artistement décorée, elle donnait le change aux visiteurs. Quand sa femme mandait un prêtre pour y célébrer un office, Montaigne, alléguant le besoin de se recueillir seul, se retirait dans sa chambre, au premier étage. Grâce à une gaine acoustique creusée dans le mur, il ne ratait rien de la messe qu'il suivait avec dévotion du fond de son lit – en compagnie, souvent, d'une jeune soubrette.

Sa « librairie » se trouve au troisième étage. « La figure en est ronde et n'a de plat que ce qu'il faut à ma table et à mon siège, et vient m'offrant en se courbant, d'une vue, tous mes livres, rangés à cinq degrés tout à l'environ. Elle a trois vues de riche et libre prospect [perspective], et seize pas de vide en diamètre. […] À sa suite, est un cabinet assez poli, capable de recevoir du feu pour l'hiver, très plaisamment percé. […] Je passe là et la plupart des jours de ma vie, et la plupart des heures du jour. Je n'y passe jamais la nuit. […] C'est là mon siège. J'essaie de m'en rendre la domination pure, et à soustraire ce seul coin à la communauté conjugale, et filiale, et civile. […] Misérable, à mon gré, qui n'a chez soi où être à soi, où se faire particulièrement la cour, où se cacher ! » Dans la description de son pensoir, Montaigne oublie de préciser qu'il fit graver sur les poutres du plafond, bien lisibles, mais sans mention du nom de leurs auteurs, des dizaines de maximes, les unes puisées chez les poètes ou les philosophes grecs – Sophocle, Euripide, Socrate, Xénophane –, chez les auteurs latins – Pline, Térence, Horace, Lucrèce, Sextus Empiricus –, d'autres encore dans les Écritures – l'Ecclésiaste, saint Paul. Il raffolait des formules courtes qui en disent long sur la « nihilité de l'humaine condition ».

Écrivant, c'est connu, « à sauts et à gambade », Montaigne avouait ne même pas respecter la question posée en tête d'un chapitre. Pour certains de ses lecteurs, pareille désinvolture nuirait à la compréhension de sa pensée. D'un essai à l'autre, quand ce n'est pas au cœur d'un même paragraphe, Montaigne, déplorent-ils, se contredirait. Là, on le croit stoïcien, mais ici il se montre épicurien, puis, plus loin, il renvoie dos à dos le Portique et le Jardin. Montaigne ne se contredit pas ni n'hésite : il se balade. Il est difficile de le suivre quand on poursuit des idées arrêtées. Aux suiveurs, Montaigne préfère les flâneurs qui font un bout de chemin en sa compagnie ; s'ils ont mieux à lire, il ne s'offense pas de leur départ.

En compulsant les dictionnaires de philosophie, anciens et récents, à vocation universitaire, comme le fameux « Lalande », ou d'une veine plus personnelle, comme celui d'André Comte-Sponville, je ne trouve aucune mention du mot « dilettante ». Cela ne me surprend pas. Ce substantif dérivé du verbe italien *dilettare* qui signifie « se délecter », et, partant, désigne « celui qui s'adonne à un art par plaisir » – et par ennui, ajouterais-je quant à moi – ne peut que molester le sérieux des docteurs. Si ces derniers rechignent à admettre que lorsque Montaigne parle du plaisir ce n'est jamais en doctrinaire de l'hédonisme, mais *par expérience* et *au pluriel*, ils repoussent carrément l'idée qu'en se livrant à sa paresse créatrice, il entend faire de sa pensée un plaisir de penser. « Et quand personne ne me lira, ai-je perdu mon temps de m'être entretenu tant d'heures oisives à pensements [pensées] si utiles et agréables ? » écrit-il comme s'il s'adressait à eux. Appliqué à Montaigne, l'adjectif « dilettante » n'est pas un vain mot. Il colle avec exactitude à sa manière même de se peindre en une « nouvelle figure de philosophe imprémédité et fortuit », bref, en *essayiste*.

Si j'avais la pulsion du thésard, je pourrais ergoter sur l'approche *sub specie temporis* de l'être chez Montaigne ; ou, en jargonnant comme Kant, sur son parti pris de penser le monde à travers un « jugement réfléchissant » au lieu de le « subsumer » sous les catégories d'un « jugement déterminant ». Mais n'ayant qu'un goût de lecteur, ma thèse est simple : si Montaigne se retire dans sa librairie pour écrire, c'est pour continuer ses conversations avec Étienne, son frère, et avec Pierre, son père, tous deux réduits au silence définitif à cinq ans d'intervalle. J'imagine alors que la Tristesse, sa muse, joue avec lui comme une garce qui l'inspire et l'accable. Avec l'essai, Montaigne invente une écriture élégante et désinvolte, tout empreinte de la *sprezzatura* chère à Baldassare Castiglione, du « mal à l'âme ».

Même s'il s'agit de certaines formes de pensées ou de façons d'exister, les mots qui se terminent en « isme » ne renvoient pas forcément à des idéologies, à des systèmes métaphysiques ou à des éthiques. Je n'appréhende pas le nihilisme de Montaigne sous l'angle d'une doctrine, mais sous celui d'un penchant psychique comme on parlerait, chez d'autres auteurs, de penchant sexuel. Le nihilisme n'est pas plus chez Montaigne une thèse philosophique que le sadisme ou le masochisme ne sont chez Sade ou Masoch des opinions érotiques. Comme ces deux écrivains, poètes de leurs manies, Montaigne ne démontre ni n'enseigne rien, mais, dit-il, « raconte » les troubles de son âme et les ratés de son corps.

Montaigne est nihiliste parce qu'il est l'homme d'une pensée unique, la pensée de la mort. Il ne pense pas la mort, puisque la chose est impossible. « La mort, nous ne la pouvons essayer qu'une fois ; nous y sommes tous apprentis quand nous y venons. » En revanche, il pense à la mort – la sienne propre, celle des autres, celle de toutes choses – et, en dépit du ton plaisant avec lequel, souvent, il en parle, il ne peut cacher qu'elle l'épouvante. Quand il lit chez Épicure que « la mort n'est rien pour les hommes », dans la mesure où « tant qu'ils vivent, elle n'est pas », et que, « quand elle est, ils ne vivent plus », il se demande si ce philosophe ne se paie pas de mots. « N'ayons rien si souvent en la tête que la mort », lui rétorque-t-il, même si pareille pensée en augmente la frayeur. Non seulement Montaigne ne rougit pas d'éprouver la terreur de mourir, mais il en tire pour lui-même la plus sage des vertus philosophiques qui est de tourner en dérision le préjugé théologique de la grandeur humaine. Puisque, précoce ou tardive, brutale ou douce, la mort s'inscrit dans la réalité charnelle des hommes, pourquoi le fait de se savoir mortels, leur conférerait-il une supériorité ontologique sur les bêtes ? Qu'est-ce qui peut leur donner la certitude que l'âme, après le trépas, se sépare du corps et gagne un autre séjour ? Comme l'effrayant dans la mort n'est autre que « son naturel », au lieu de la chasser de notre esprit, mieux vaut en faire l'invitée permanente de nos plaisirs et de nos jours, à l'instar des anciens Égyptiens « qui, au milieu de leurs festins et parmi leur meilleure chère, faisaient apporter l'anatomie sèche d'un corps d'homme mort, pour servir d'avertissement aux conviés ».

Aux philosophes qui pérorent sur les Idées, les Formes, les Nombres ou les Atomes, Montaigne préfère les auteurs qui content des destinées humaines, des impasses tragiques. À la rigueur, un système métaphysique le touche, ou l'intéresse, s'il peut le lire comme une « poésie sophistiquée » – en cela le *De natura rerum*, de Lucrèce, l'émeut davantage qu'un dialogue de Platon. Mais, pour avoir, la plupart du temps, l'impression qu'on lui sert des « hâbleries » aussi creuses qu'amphigouriques, il ne « se ronge pas les ongles » de n'en pas retenir un traître mot. Dénonçant dans « la difficulté » une « monnaie que les savants emploient, comme les joueurs de passe-passe, pour ne pas découvrir la vanité de leur art » et de laquelle « l'humaine bêtise se paie aisément », il tient à rassurer son lecteur : « Moi, lui dit-il, je ne suis pas philosophe. » Il est remarquable de constater à quel point, bien avant Freud, Montaigne soupçonne les philosophes de souffrir d'un excès de pensée, de raison et de « fantaisie » – d'un excès de *sens*, donc, ce qu'en psychiatrie on entend par *paranoïa*. Tout se passe comme si, angoissés par leur propre vie aussi fortuite qu'éphémère, ils niaient la réalité du hasard, du temps et de la mort, pour lui substituer un monde conforme à leur désir contrarié d'harmonie et d'éternité. Leur folie consiste à présenter la réalité des apparences comme une apparence de réalité, comme le sous-produit d'une autre réalité qu'ils nomment l'Être mais qui n'existe que dans leur imagination – totale affabulation connue sous le nom respectable de « métaphysique ».

Montaigne a peut-être de l'indulgence pour l'« absurdité » des métaphysiciens, mais il perd patience devant leur refus de traiter le temps ou la mort, le plaisir ou la douleur, la joie ou la tristesse, comme des réalités qui les affectent en propre. Platon décrit la mort de Socrate mais non *son* approche de la mort ; Aristote écrit sur l'amitié mais non sur *ses* amis ; Épicure vante le plaisir mais garde le silence sur *ses* plaisirs ; Cicéron consacre un traité à la vieillesse mais non à *sa* vieillesse. À les lire, on dirait que ces hommes sont eux-mêmes des êtres métaphysiques. Passe encore, pour Montaigne, que les chichis de ce genre puissent donner lieu à des blabla « fabuleux » ; mais que ces philosophes-là, comme d'autres, si muets sur leur compte, s'autorisent à prêcher des sagesses, cela relève de la « piperie ». Rien ne lui paraît si suspect que d'inciter les hommes à chercher le savoir absolu, le bonheur, la maîtrise de soi, le détachement. Notre raison est trop faible, nos désirs et nos passions trop forts, pour nous permettre d'atteindre aux « vérités ultimes » comme au « souverain Bien ».

« Que sais-je ? » se demande Montaigne, plus prudent que méfiant à l'égard des sciences. La raison, cette « faculté nôtre » de faire un peu de lumière dans la nuit qui nous cerne, et que l'on préjuge universelle, demeure « une apparence de discours que chacun forge en soi, [...] un instrument de plomb et de cire, allongeable, ployable et accommodable à tous biais et à toutes mesures ». Ce qui, bien sûr, admet Montaigne, ne doit pas nous empêcher d'en faire usage. Car raisonner c'est avant tout douter, et notre doute doit porter davantage sur nos certitudes que sur les vérités. Les premières traduisent notre besoin de croire ; les secondes répondent à notre désir de savoir. Aussi sceptique soit-il, Montaigne loue les esprits véridiques, c'est-à-dire désireux de conformer leur pensée au réel. Sauf, dit-il, qu'il leur faut prendre garde que pareille conformité reste aléatoire, aussi aléatoire que leur pensée et le réel. Ce que nous nommons « vérité » correspond mieux à une définition provisoire des choses qu'à leur connaissance définitive. Notre savoir n'est autre que ce que notre pensée parvient à saisir du chaos avec le moins de confusion possible. Entre une croyance et une vérité, il n'y a pas une différence de nature mais de degré dans la précision – raison pour laquelle Montaigne en appelle pour lui-même à un gai savoir comme à une docte ignorance.

Si la raison tisse autant de songes qu'elle tricote des vérités, est-il possible, dès lors, de vivre selon les vertus qu'elle recommande ? Chacun étant ce qu'il est, au gré des circonstances dans lesquelles il se débat et se noie, une vie morale est un vœu pieux. Montaigne ne nie pas que le courage soit préférable à la veulerie, la générosité à la mesquinerie, l'amitié à la haine, la tolérance à l'intolérance, etc. – autant nier, sinon, que la santé vaut mieux que la maladie. Ce qui lui semble douteux c'est que toutes ces vertus, inspirées, ou dictées par la raison, puissent être acquises ou conquises grâce à la volonté. Comme en témoignent nos états passionnels, notre volonté ne résiste pas à la pression conjuguée du désir et de l'imagination qui forment la « contexture » de notre âme. Nul ne peut volontairement, parce que sa raison le lui dicte, se défaire de ses émotions, de ses sentiments et de ses obsessions. Seul un nouvel amour nous distraira d'une peine de cœur, seule la colère nous soulagera de la haine, seule la naissance d'un fils adoucira en nous le deuil d'un père, seule une joie interrompra notre chagrin. Mais, aussi, la perte d'un fils nous fera éprouver tout ensemble chagrin, désamour, haine et colère. Ainsi, seule une passion bonne ou mauvaise, joyeuse ou triste, se montrera assez puissante pour en chasser, un temps, une autre – sauf la mélancolie que rien n'entame. Que les vendeurs de sagesses occultent cette réalité humaine si triviale, cela défie le bon sens de Montaigne. De même que notre corps ne peut se prémunir des maladies, de même jamais notre âme ne guérit de ses affections. Pour que notre âme guérisse il faudrait qu'elle se rassasie des objets de son désir et de son imagination qu'il lui arrive parfois, et par chance, d'obtenir. Or, note Montaigne, « quoi que ce soit qui tombe en notre connaissance et jouissance, nous sentons qu'il ne nous satisfait pas, et allons béant après les choses à venir et inconnues ». Non que les choses familières que nous possédons ici et maintenant n'aient pas de quoi nous « soûler », mais « nous les saisissons d'une prise malade et déréglée ». Nulle philosophie n'y peut rien. Le Sage est une chimère. La volonté même de se doter de vertus pour, en somme, être *un autre*, montre combien la raison et la volonté capitulent devant le désir et l'imagination, qui s'en servent, à leur insu, comme moyens d'illusions. Et puis, enfin, il serait temps d'admettre que la vertu n'a rien à voir avec la morale. À l'origine, le mot *virtus* désigne ce qui caractérise *par nature* un être. C'est en ce sens que Montaigne crédite l'âme humaine d'une unique vertu, l'insatisfaction, qui donne autant de braves types que de crapules.

Voulons-nous malgré tout accéder à une vie raisonnable ? En ce cas, propose Montaigne, vivons selon la nature – nature qu'il appelle aussi une « première coutume ». Bien sûr, pour lui, la nature n'est qu'une « branloire pérenne » que nulle raison ou sagesse divine ne conduit. Si les hommes conçoivent en elle un ordre, cela vient de leurs grossières habitudes perceptives. Parce qu'ils font, à leur échelle, l'expérience d'une régularité des phénomènes naturels, ils oublient le « branle plus languissant » qui l'anime et se plaisent à imaginer qu'elle obéit à une législation semblable à celle d'une cité. Mais qu'importe. Pareille illusion s'avère nécessaire et bénéfique. Puisqu'une coutume ancienne, figée dans ses traditions et ses lois, est une institution qui a su s'accommoder au chaos universel, autant se plier à cette « seconde nature ». Quand il lui faut faire le seigneur, Montaigne s'exécute ; de même quand il lui faut faire le soldat, le maire de Bordeaux, le mari, le père, le bon catholique, etc. « Mon métier et mon art, c'est vivre », dit-il, et il s'en tient à cette maxime : « Vivre à propos », autrement dit : « Pas de vagues ! » Ce n'est que dans l'« arrière-boutique » de sa conscience, où il cultive ses idées de « derrière la tête », que Montaigne se défait de tous ces rôles. Là, il revêt pour lui seul le moins grimaçant des masques, celui du penseur. Montaigne ne propose aucune directive pour une vie libre, vertueuse et heureuse. Tout ce qu'il préconise, c'est de se résigner, en toute hypocrisie, à un strict conformisme social et juridique. C'est défigurer Montaigne que d'en faire le précurseur des Lumières. Montaigne est un penseur tragique. La lucidité le retient d'éclairer les hommes.

Comme les mondes abstraits, les arguties absconses, les leçons de morale désincarnée dont débordent les traités de métaphysique et de sagesse lui donnent la migraine, Montaigne estime qu'il n'a pas le choix : il lui faut écrire le seul livre de philosophie qu'il lui plaira de lire parce qu'il en sera, lui, la principale « matière ». Quand il déclare : « Je ne peins pas l'être, je peins le passage », il donne la définition même de l'*essai* dont il est, historiquement, le seul *auteur*. Ni mémoires, ni confession, ni journal intime, et, pourtant, tout cela à la fois, un essai de Montaigne se donne à lire comme la parole singulière d'un homme qui tente de transcrire le sentiment tragique de sa vie. Une stylistique du « je-ne-sais-quoi » et du « presque rien ». « C'est une épineuse entreprise, et plus qu'il ne semble, de suivre une allure si vagabonde que celle de notre esprit, de pénétrer les profondeurs opaques de ses replis internes, de choisir et arrêter tant de menus airs de ses agitations. » En raison même de la difficulté que représente la tâche de fonder un lexique et une grammaire adaptés aux mouvements de sa vie intérieure, Montaigne récuse chez les philosophes « la coutume qui a fait le parler de soi vicieux ». Étrange coutume qui oublie l'impératif apollinien de Socrate : « Connais-toi toi-même. » « De quoi traite Socrate plus largement que de soi ? » rappelle-t-il. « À quoi achemine-t-il plus souvent les propos de ses disciples, qu'à parler d'eux, non pas de la leçon de leur livre, mais de l'être et branle de leur âme ? » De même que les peintres renaissants, prenant modèle sur la sculpture antique, offrent une nouvelle peinture, de même Montaigne, reprenant à son compte la devise socratique, crée l'*égotisme*. Non que l'auteur des *Essais* nourrisse le « sot et vaniteux projet », comme dira Pascal, de s'adonner à un culte du moi. Coloriant en gris le « sujet informe » de ses cogitations et de ses gestes, Montaigne ne propose qu'« une vie basse et sans lustre ». En s'étalant entier, il ne donne pas à contempler son buste modelé dans les plis de la vertu, mais à autopsier « un *skeletos* où, d'une vue, les veines, les muscles, les tendons paraissent, chaque pièce en son siège ». Parce qu'il porte en lui la forme de l'« humaine condition », il en souligne toute la « nihilité ».

Tel que l'invente Montaigne, l'essai est une « egographie ». Une écriture du pire. « Je me suis présenté moi-même à moi, pour argument et pour sujet » écrit-il, mais il ajoute aussitôt, « plus je me hante et me connais, moins je m'entends en moi ». Aussi méthodiques soient-ils, ses efforts d'introspection le laissent sur sa faim. Tout ce qu'il parvient à saisir d'un peu substantiel relève de la chance, d'un bonheur de plume. Ce que vérifie Montaigne c'est qu'il n'y a pas plus de moi en lui qu'il n'y a de nature dans le monde. Le monde n'étant que la combinaison hasardeuse d'une infinité de corps, le moi, le sien, n'est *rien*, rien d'autre qu'un petit tas d'atomes qui gesticule, souffre et jouit dans le vide. Or seuls les mots, ces vents de bouche que Montaigne s'entête à fixer sur des centaines de pages, lui donnent ce semblant d'être. C'est même miracle que si peu de chair se fasse verbe. « Je n'ai pas plus fait mon livre que mon livre m'a fait. » Quand il se relit et charge ses cahiers d'« allongeailles », Montaigne ne sait s'il est un auteur en quête d'ego, ou un ego en quête d'auteur.

En 1900, à l'âge de vingt ans, Stefan Zweig lit pour la première fois les *Essais*. Son plaisir, avoue-t-il, est « tout littéraire ». Cette œuvre ne soulève en lui qu'une émotion « d'antiquaire devant un bel objet ancien ». C'est plus tard, quand il voit le siècle sombrer dans deux boucheries mondiales, quand, dit-il, il est un homme « arraché à ses espoirs, à ses expériences, à ses attentes et ses enthousiasmes, chassé comme à coups de fouet jusqu'à ce point où l'on n'a plus rien à défendre que son moi nu, son existence unique qui ne sera pas donnée deux fois », que Montaigne lui apporte « son amitié irremplaçable ». Pour le remercier, il lui consacre un de ses plus beaux livres. Il écrit son *Montaigne* à Pétropolis, trou perdu du Brésil où il s'est réfugié avec Lotte, sa jeune épouse. Le livre achevé, ils se suicident tous deux en février 1942. L'ami Montaigne n'a pu les sauver.

Ma vie n'a rien de commun avec le destin de Zweig. Je suis né bien après le nazisme et la guerre, et je ne suis pas juif. Je n'ai jamais enduré ni persécution ni tourmente historique. Pourtant, quand j'eus trente ans, Montaigne devint également mon ami. Impressionné par le volume des *Essais*, je ne fis d'abord que les feuilleter. Comme le courant passa aussitôt, je décidai de faire plus ample connaissance. Aujourd'hui, lorsque je les reprends, je peux dire, comme Zweig, que « je ne tiens pas dans la main un livre de littérature ou de philosophie », mais que je parle « avec un homme que je comprends et qui me comprend ».

7

« La meilleure philosophie, relativement au monde, est d'allier, à son égard, le sarcasme de la gaieté avec l'indulgence du mépris. »

Chamfort

Au début du *Misanthrope* de Molière, Alceste refuse d'adresser la parole à Philinte parce qu'il vient de le voir traiter avec des transports d'affabilité un quidam dont il ignore tout, même le nom. Si l'instant d'après Philinte lui sert, à lui, Alceste, les mêmes mots d'amitié qu'à cet inconnu, que penser, dès lors, de l'authenticité de leur lien ? Question à laquelle Philinte répond qu'il y a un temps pour l'amitié et un temps pour le trafic des relations humaines, lequel ne ressemble à un paisible commerce que si les clients échangent la même monnaie de la politesse. Pareille éthique de l'hypocrisie qui sent l'homme de cour offusque Alceste qui ne mesure pas ce qu'elle recèle pourtant de sagesse. Car, s'il arrivait que les humains fussent sincères les uns envers les autres ne serait-ce qu'une heure, s'ils ne lâchaient, selon le souhait d'Alceste, « aucun mot qui ne parte du cœur », ils se massacreraient jusqu'au dernier.

Le conseil de Chamfort d'allier à l'égard du monde « le sarcasme de la gaieté avec l'indulgence du mépris » lui est sans doute inspiré par sa rude expérience des salons à la mode où l'on ne cessait de rappeler sa bâtardise, du milieu littéraire où de fidèles amis s'évertuaient à entraver sa gloire, et, avant tout, des turpitudes d'une noblesse déconfite toujours prompte à le traiter comme un valet. Il me semble aussi y entendre un hommage à Molière, hommage plus radical et virulent que cet *Éloge* qu'il prononce en 1769 devant l'Académie française : « Si jamais auteur comique a fait voir comment il avait conçu le système de la société, c'est Molière dans *Le Misanthrope.* C'est là que, montrant les abus qu'elle entraîne nécessairement, il enseigne à quel prix le sage doit acheter les avantages qu'elle procure ; que, dans un système d'union fondé sur l'indulgence mutuelle, une vertu parfaite est déplacée parmi les hommes et se tourmente elle-même sans les corriger : c'est un or qui a besoin d'alliage pour prendre de la consistance et servir aux divers usages de la société. Mais, en même temps, l'auteur montre, par la supériorité constante d'Alceste sur tous les autres personnages, que la vertu, malgré les ridicules où son austérité l'expose, éclipse tout ce qui l'environne ; et l'or qui a reçu l'alliage n'en reste pas moins le plus précieux des métaux. »

Que Molière juge Alceste supérieur aux petits marquis qui courent après Célimène, assurément. Mais le préfère-t-il à Philinte ? Au-delà de la question de savoir si Alceste fait bien de laisser éclater sa franchise et sa colère à la face du premier fâcheux venu, Molière pose cette autre question, qui opposera le siècle des Lumières au Grand Siècle et divisera l'esprit même de Chamfort, celle de savoir si les humains sont nuisibles les uns à l'égard des autres par nature ou s'ils deviennent tels à cause de la vie sociale. Or, aux répliques de Philinte, on voit bien que Molière appartient bien à son temps dont toute la littérature, aussi bien janséniste que libertine, vise non tant à démolir le héros cornélien qu'à ruiner la vanité artistique, théologique et philosophique capable de forger pareil mythe de grandeur humaine de même que n'importe quel idéal moral. Chamfort distingue deux types de moralistes : « ceux qui n'ont vu la nature humaine que du côté odieux et ridicule », et ceux qui n'en n'ont vu que le « beau côté et les perfections ». Tandis que les premiers « ne connaissent pas le palais dont ils n'on vu que les latrines », les seconds « détournent les yeux loin de ce qui les offense et qui n'en existe pas moins ». *Est in medio verum*, tient-il quant à lui. Ce qui n'est pas le cas de Molière, à ranger à l'évidence dans la première catégorie de moralistes. Car, pour un peu, on ne serait pas déconcerté d'entendre fuser de la bouche de Philinte cette maxime de La Rochefoucauld grand connaisseur des humains pour les avoir côtoyés sur les champs de bataille les plus sanglants et dans les salons les plus policés : « Les vices entrent dans la composition des vertus comme les poisons entrent dans la composition des remèdes. La prudence les assemble et les tempère, et elle s'en sert utilement contre les maux de la vie. » Alceste, animé du secret désir de changer l'âme de ses semblables – à commencer par celle de Célimène – au moyen de sa rude pédagogie du parler franc, trahit un caractère de philanthrope déçu. Malheureux en amitié et éconduit en amour, il impute à la société tout entière ses déboires et hait la maudite providence qui ne l'a créée en rien à l'image de son moi. Faute de pouvoir la détruire, ne lui reste que l'option de la retraite solitaire, médecine bien pire que le mal en ce qu'elle laisse le cœur se ronger de l'impuissance à se venger. Philinte, quant à lui, sans illusion sur la possibilité de corriger « les vices unis à l'humaine nature » et dont l'esprit « n'est pas plus offensé de voir un homme fourbe, injuste, intéressé, que de voir des vautours affamés de carnage, des singes malfaisants et des loups plein de rage », apparaît comme le vrai misanthrope qui, de par son parti pris d'indifférence et son talent de duplicité mondaine, inspire plus sûrement Chamfort pour sa maxime que son acolyte atrabilaire.

Quand je me récite le mot du moraliste, non seulement je me remémore cette première scène du *Misanthrope*, mais je me retrouve à travers ces deux personnages comme si chacun d'eux exprimait tour à tour mon propre sentiment partagé sur la conduite à tenir envers mes semblables. Emportement ou impassibilité ? Alceste, c'est moi. Comme lui, je me hérisse comme un porc-épic au contact de la bêtise et de la vulgarité, du préjugé et de la vantardise, du calcul et de l'ambition ; et, comme lui, au comble du mauvais poil, j'éprouve le désir de fourrer tous les gens qui m'approchent dans un même sac et, après avoir dit à chacun ses quatre vérités, de « rompre en visière à tout le genre humain ». Si je m'en abstiens, c'est parce que en moi raisonne aussi Philinte. Observant, comme lui, « cent choses tous les jours qui pourraient mieux aller », je tiens pour une « folie à nulle autre seconde de vouloir se mêler de corriger le monde », si bien qu'en société un instinct m'incite à une patiente urbanité. Sauf que l'urbanité ne me préserve en rien de la rusticité et de la goujaterie des humains avec qui j'ai commerce, ni ne les décourage. Au contraire.

Plus je mets les formes dans mes mots, ma tenue vestimentaire et mes gestes, moins je m'attire non pas leur bienveillance, que je sais, bonnes manières ou pas, inexistante, mais, du moins, leur neutralité. La conformité au répertoire de paroles et d'attitudes amènes adressées à tous afin de désarmer les pulsions hostiles, mais aussi le respect des différents registres de langage et de présentation de soi qui servent à définir une vie civilisée, passe à leurs yeux pour un signe de supériorité et une provocation hautaine. S'exprimer avec correction et esprit quand un sabir ordurier est devenu l'idiome officiel ? S'habiller avec soin quand le survêtement et la camisole à capuchon est devenu l'uniforme ? Se comporter avec bienséance quand le laisser-aller est devenu la forme même de la décontraction ? Autant de qualités aristocratiques qui offensent leur naturel plébéien et génère assez vite une tension proche de la rixe – telle qu'elle se produit dans la parabole d'*El Discreto*, de Baltasar Gracián, quand le paon est attaqué par tous les représentants de la gent volatile, des poulets aux corbeaux, qui l'accusent de leur avoir volé les apparats qu'ils n'ont pas et n'auront jamais. Quand je rentre chez moi après des heures passées à frayer par obligation avec mes contemporains, je me dis que j'ai frôlé le tabassage et que, si je l'ai échappé belle, c'est pour avoir eu le réflexe avisé d'enduire mes propos d'un miel anesthésiant qui calme le ressentiment de mes agresseurs le temps nécessaire pour que je déguerpisse. Souvent, dans la crainte qu'un jour les choses tournent très mal, je songe à apprendre un art martial, ou bien, comme les muscadins de Thermidor, à ne plus sortir sans une canne gourdin. Le flegme philosophe de Philinte ? Soit. À condition de bénéficier d'un port d'armes.

8

« *Homo homini lupus* : qui aurait l'audace, devant les enseignements de la vie et de l'histoire, de s'inscrire en faux contre cet adage ? »

Sigmund Freud

Malaise dans la culture paraît à Vienne en 1929. Au même moment, les Berlinois découvrent sur les écrans le visage de Louise Brooks dans *Lulu*, de Pabst. Grand lecteur de Freud, fasciné par les mystères de l'âme, le cinéaste s'empare de la pièce de Wedekind, *La Boîte de Pandore*, pour filmer la rencontre fatale entre Éros – Lulu – et Thanatos – Jack l'Éventreur. Freud déteste le cinéma, mais Louise Brooks admire Freud. À l'époque, le vieux docteur a soixante-treize ans, la jeune actrice vingt-trois. *Lulu* marque la mort des années folles, *Malaise dans la culture* annonce les années folles de la mort.

Freud fut pour moi une lecture de lycée et des premières années d'université durant lesquelles je dévorais aussi Zweig, Schnitzler, Roth, et collectionnais les livres d'art consacrés à Schiele, Kokoschka, Klimt. Alors que je cultivais une nostalgie sécessionniste fin de siècle, le psychanalyste autrichien en vogue dans les milieux estudiantins de la gauche révolutionnaire ne s'appelait pas Freud mais Wilhelm Reich, inventeur halluciné d'une libido cosmique – « découverte » dont il essaya, à la fin de sa vie, dans son exil américain, de tirer des applications techniques : une machine à guérir le cancer et un « chasseur de nuages ». Avant de s'abîmer dans la démence et de finir en prison pour pratique illégale de la médecine, Reich, dans les années trente, fonda le freudo-marxisme en introduisant la doctrine de la lutte des classes dans la théorie de la répression des instincts. Quand Freud évoquait la culture génératrice de névroses, Reich précisait qu'il s'agissait de la « culture bourgeoise » dont les valeurs et les institutions morales achevaient de nier l'humanité des prolétaires, broyés par les rouages de l'économie capitaliste, en les dépossédant de leurs orgasmes. D'où l'idée que si une assistance sexuelle s'avérait urgente pour les plus nécessiteux – telle était la vocation militante de son association Sexpol –, seule une révolution sociale abolirait les conditions de l'aliénation érotique des masses. Pour Reich et ses épigones, le communisme serait les soviets plus l'orgone.

En réalité, la raison pour laquelle les gauchistes des années soixante-dix optaient pour

Reich contre Freud ne tenait pas tant à l'apport idéologique socialiste de l'un qu'à l'hypothèse de l'existence de la pulsion de mort tressée avec le principe de plaisir, chère à l'autre. Ils ne pardonnaient pas à l'auteur de *Malaise dans la culture* d'écrire que l'humain n'est pas un animal débonnaire au « cœur assoiffé d'amour », qui ne fait que se défendre quand on l'attaque, mais un prédateur pour les autres individus de son espèce, « tenté de satisfaire son besoin d'agression à leurs dépens, d'exploiter leur travail sans dédommagement, de les utiliser sexuellement sans leur consentement, de s'emparer de leurs biens, de les humilier, de leur infliger des peines, de les martyriser et de les tuer ». Ces gens nés au milieu du vingtième siècle parmi les décombres encore fumants d'une Europe dévastée par une Deuxième Guerre mondiale et des génocides, contemporains d'une foultitude de conflits sanglants en Asie, en Afrique et en Amérique latine, incriminaient Freud pour son pessimisme anthropologique. La pulsion de mort ? Un préjugé « bourgeois », irrationnel. Car les humains, selon les gauchistes, ne furent pas violents à l'origine de leur histoire, ils le devinrent. Et s'ils le devinrent, ce fut, derechef, à cause de l'instauration de la propriété privée et de la nécessité de la protéger *manu militari* puis, plus tard, à cause de la généralisation de l'esclavage, du mode d'échange marchand et de l'État, et, plus tard encore, à cause de l'apparition du capital et du travail salarié. À travers leur phraséologie marxisante, les reichiens lançaient en réalité contre Freud les mêmes accusations et les mêmes arguments que Rousseau adressait à Hobbes. Pourquoi l'homme serait-il par essence un loup pour l'homme ? Dans un milieu où, en un temps immémorial, l'eau, le gibier, le poisson, les fruits, tout s'offrait à la libre disposition des humains, nulle rivalité ne les opposait. Logés à l'enseigne de l'abondance, ils éprouvaient même les uns à l'égard des autres une sympathie qui les incitait à tisser des liens sociaux restreints, certes, mais égalitaires et pacifiques. Ce ne fut que lorsque, en raison d'un appauvrissement du donné naturel, les objets du besoin se firent rares et que le travail s'imposa comme seule activité de survie et la force comme seul moyen d'en préserver les produits, que le désir égoïste les étreignit peu à peu et les changea en ego possessifs et agressifs.

Afin de lester leur vision positive d'une humanité lointaine, d'aucuns, parmi ces révolutionnaires humanistes, appelaient à la rescousse l'ethnologie libertaire de Pierre Clastres. Sur la foi de ses études consacrées aux Rats Féroces du Paraguay – les Indiens Guayaki – passant deux heures par jour à travailler et le reste du temps à se la couler douce, ils se persuadaient que dans les communautés primitives s'épanouissaient les tendances humaines originelles amicales, ludiques et harmonieuses.

Freud comprit pourquoi le concept de la pulsion de mort génératrice de jouissance suscitait autant de résistance – à commencer, on le vit avec Reich, au sein du milieu psychanalytique lui-même. La croyance des humains en leur sociabilité native et en leur goût pour les plaisirs simples procède non seulement du déni de leur histoire passée et présente, mais, avant tout, de celui de la nature de leurs désirs. À maintes reprises, Freud, dans *Malaise dans la culture*, paie sa dette à Hobbes qui écrivit quant à lui dans son *Léviathan* : « Nous trouvons dans la nature humaine trois causes principales de discorde : *primo*, la Compétition ; *secundo*, la Défiance ; *tertio*, la Gloire. La première pousse les hommes à s'agresser en vue du gain, la deuxième en vue de la sécurité, et la troisième en vue de la réputation. » Pour Freud, c'est le désir de gloire qui constitue la principale cause du malheur des humains – désir de gloire qu'il rebaptise, parce qu'il en est une déclinaison sociale, « demande d'amour ». Les besoins – la faim, la soif, le rut, etc. – sont les cris du corps. En cas de pénurie prolongée, ils grognent et mordent. Sitôt satisfaits, ils s'endorment. Sauf que ce silence n'annonce rien de bon. Car les besoins rassasiés aiguisent un autre appétit que nulle nourriture, nul breuvage, nul partenaire sexuel ne vient jamais combler et qui n'en finit pas d'exprimer son insatisfaction. Tel est le désir, un besoin maladif qui ne s'éprouve pas comme un manque biologique interne, mais comme un vide biographique intime. Même s'il se rue sur quantité de choses matérielles, nulle d'entre elles ne l'intéresse, sauf si elle possède pour les autres désirs une valeur sociale emblématique dont il pourra alors se remplir un temps, mais un temps bien bref. Si, pour Freud, l'observation des sociétés primitives révèle un trait anthropologique fondamental, c'est précisément le même que l'on retrouve dans les sociétés civilisées : le besoin des individus d'exister aux yeux des autres alors même que les problèmes de survie y sont réglés et les positions de pouvoir réparties. Afin d'éviter ou de différer le carnage, les désirs sont contraints de se jouer la comédie de la reconnaissance réciproque en établissant un système d'échange d'objets, de titres, voire de discours, valorisants pour les ego – reconduisant et attisant par là même les rivalités narcissiques. Bon sauvage ou civilisé décadent, l'humain ne transige pas quant à son amour-propre. Le Guayaki contraint de ne pouvoir consommer le gibier qu'il a tué obtient réparation en recevant de la part du village la distinction prestigieuse de « Grand Chasseur » ; afin de jouir de toutes les marques de popularité que lui manifestent ses sujets, le prince leur distribue en retour des charges, des titres, des honneurs, et régale son peuple de fêtes et de cérémonies ; un esclave supporte mieux sa condition et sert mieux son maître si ce dernier le gratifie parfois de remerciements et de récompenses. Mais Freud souligne que pareil besoin de reconnaissance revendiqué en permanence par les ego ne disparaît pas alors même qu'il est exaucé, car le plaisir éprouvé conserve toujours l'amère saveur du manque. Nul humain, du plus privilégié au plus mal loti ne se sent jamais assez reconnu, c'est-à-dire désiré. De sa naissance à sa mort, il vit dans la frustration et le ressentiment. Tant que les us et coutumes de la culture pèsent sur ses affects, il se cadre dans la norme névrotique, se contente des menues réjouissances permises tout en condamnant et enviant celles auxquelles s'adonnent ses semblables qu'il imagine plus intenses. Les interdits viennent-ils un jour à exploser à la faveur d'une crise sociale, il laisse alors le cours le plus libre à son agressivité primaire trop longtemps refoulée. « Assez joui ! » lance-t-il les armes en main à la face de ses semblables. « À mon tour d'en profiter ! Mais vous paierez d'abord pour l'insolent bonheur que vous m'avez volé ! » Une guerre ou une révolution offre aux humains d'opportuns prétextes pour régler leurs comptes avec leurs prochains qui abusent du désir d'exister tout en conférant aux élans conjoints de plaisir et de mort qui les animent les couleurs d'une noble cause commune. La foi, le patriotisme, la race, les droits de l'Homme, autant de manières de magnifier les jouissances de l'assassinat, du viol, de la torture, du vol et de la destruction.

Toujours à l'époque de mes années d'université, une mouvance psychanalytique moderniste politiquement non engagée, mais versée dans d'étranges rituels appelés « cartels », tenait Freud pour un vague précurseur de Jacques Lacan. Je vis des reportages sur le bonhomme. Avec ses chemises à pois et ses petits cigares en trompette, il me fit l'effet d'un farceur un peu dans le genre de Dalí – qui, je l'appris, l'influença. Curieux, je me procurai certains de ses *Séminaires*. Je n'y entendis que goutte. Pourtant, nombre de gens autour de moi semblaient accéder à ce qu'ils appelaient cette nouvelle « épistémè » de l'Inconscient où d'intrigants objets « petit a » le disputaient en importance conceptuelle à de non moins troublants « mathèmes » et autres « nœuds borroméens ». En discutant avec des lacaniens de rencontre, je comptais qu'ils éclairassent ma lanterne. Comme la plupart étaient psychiatres et psychologues, je me disais que j'avais affaire à des praticiens et des cliniciens, soit des esprits soucieux de clarté théorique. Or non seulement je m'aperçus qu'ils en étaient au même point de compréhension que moi, mais qu'ils prenaient plaisir à jargonner tant et plus à la manière de leur mentor, dans l'unique but de se pousser intellectuellement du col auprès de leurs confrères. « La meilleure façon de cacher les bornes de son savoir est de ne jamais les franchir », recommandait Leopardi. Chaque fois que je commerçai avec un émule du Docteur Lacan, c'était pour moi sujet de ravissement de voir avec quelle application ce Diafoirus de cabinet, d'hôpital ou de dispensaire, méprisait ce conseil.

Durant la décennie des années quatre-vingt, les idéologies contestataires s'effilochèrent lorsque la gauche prit le pouvoir, en décentralisa les instances, nomma « cultures » quantité de formes d'expressions plébéiennes et érigea l'hédonisme au rang de philosophie officielle. Dans ce même temps où les machines désirantes tournaient à plein régime dans les discothèques, les salles de fitness et les grands rassemblements festifs, des têtes pensantes nostalgiques du sens et des valeurs se vouaient à l'herméneutique et à l'éthique. Ricœur et Levinas en incarnaient les grandes figures. Du premier, je n'ouvris pas les ouvrages ; ceux du second, je les refermai sans tarder. Tout ce que j'appris d'eux je le puisai ici et là, au hasard, dans des articles ou des entretiens donnés à des revues. Je flairai dans leur discipline interprétative une bigoterie sophistiquée. Leurs lectures ou relectures de textes philosophiques, théologiques, littéraires, politiques, etc., censées lever le voile recouvrant les significations ultimes du monde et de l'existence, ne visaient rien d'autre qu'à défendre la haute spiritualité autoproclamée de leur foi propre, chrétienne et juive.

En matière de purisme moral, des deux compères, Levinas se montra le plus virulent – comme en témoignaient deux attaques contre Spinoza reprises dans *Difficile liberté*. Quand, en 1956, Ben Gourion voulut lever le herem qui frappa trois siècles plus tôt l'auteur du *Traité théologico-politique* pour en faire un « héros laïque d'Israël », Levinas regimba : « Il existe une trahison de Spinoza. » Sa traîtrise, à ses yeux, ne fut pas tant qu'il s'évertua à liquider le dogme de la transcendance divine, à fonder une éthique à partir d'axiomes rationnels et non de fondements religieux, ni même à proposer une exégèse historique de la Bible, mais, bien pire, d'avoir « subordonné la vérité du judaïsme à la révélation du Nouveau Testament » et, partant, d'avoir joué un « rôle néfaste » dans la « décomposition de l'intelligentsia juive ». Pas question, en conséquence, de réhabiliter Spinoza dont le crime de lèse-vérité envers la Torah, imprescriptible, lui donnait à jamais l'infamant statut de relaps. Le désir de Levinas d'excommunier encore une fois Spinoza en disait long sur l'inconditionnalité de son « humanisme de l'autre homme ». L'impératif exhortant à prendre soin de l'Autre avant soi-même autorisait apparemment une exception. Mais ce n'était pas seulement quand il s'en prenait au « cas Spinoza » que Levinas trahissait son agressivité. N'importe quel lecteur de sa métaphysique du visage de l'Autre, et de la caresse, devinait l'allergie que lui inspiraient les relations ordinaires avec les autres, en chair et en os. Les humains qui comptent pour nous révèlent leur singularité grâce aux signes distinctifs de leur altérité imprimés, sculptés, dessinés sur leur visage. Une fois que nous avons recensé leurs airs de ressemblance avec d'autres personnes, vite classés dans la catégorie des « faux airs », leur identité individuelle nous apparaît sans le moindre flou. Swann chasse sans délai de son imagination les réminiscences botticelliennes dont, au commencement, il entoure la figure d'Odette. Les fans d'Elvis Presley n'ont que sarcasmes pour ses sosies. Une mère ne confond jamais ses jumeaux. Levinas, lui, jugeait suspecte pareille perspicacité aiguisée par l'amour, l'amitié, l'admiration ou la curiosité. L'herméneutique appliquée au visage lui faisait l'effet non pas d'une proximité ouverte envers l'Autre, mais d'une promiscuité douteuse. « Lorsque vous voyez un nez, des yeux, un front, un menton et que vous pouvez les décrire, vous vous tournez vers autrui comme vers un objet. » Voilà pourquoi, « la meilleure manière de rencontrer autrui est de ne même pas remarquer la couleur de ses yeux ». Même analyse pour la caresse, dont « l'essence » était, à le lire, de ne surtout pas se faire caressante, ou alors au risque de profaner ce qu'elle recherchait : l'intouchable en l'autre. Étrange phénoménologie de la rencontre et de l'amour. Qui peut regarder le visage de son prochain, s'il est cher à sa vie, dans sa « nudité » ? De même, quel amant prodiguera à sa belle une caresse sans le désir de la toucher – dans les deux sens du terme : exercer sur son corps un contact voluptueux et l'émouvoir ? Quels sont les amoureux qui se lassent de se dévisager et de se caresser l'un l'autre – y compris les joues, les lèvres, les sourcils, les cheveux ? Si nous côtoyons chaque jour des individus dont la physionomie ne nous charme pas, ni ne nous révulse, ni ne nous intrigue, ni ne nous inspire la moindre sensualité, c'est parce qu'ils passent inaperçus à nos yeux. N'avoir aucune considération pour l'expression psychique d'une femme, d'un homme, d'un enfant ou d'un vieillard, lisible sur leurs traits physiques, ne correspond qu'à une expérience relationnelle : celle, banale, de l'indifférence à l'égard d'un étranger. Et chacun d'entre nous sait que c'est précisément lorsqu'une femme, un homme, un enfant ou un vieillard arborent dans l'anonymat leur figure comme un masque lisse qu'ils pourront être maltraités, davantage encore que s'ils se montrent à visage découvert. Peut-être Levinas n'éprouvait-il pas physiquement une telle pulsion de violence, mais son éthique, qui lui conférait tant d'autorité morale et intellectuelle, en était, en termes freudiens, l'expression sublimée – semblable en cela à toute forme de doctrine altruiste. Les autres sollicitent ma responsabilité et ma protection ? Sans doute. Mais seulement après les avoir jetés dans la fosse commune de l'abstraction pour n'en revenir que sous la forme de spectres : défigurés et désincarnés.

9

« L'état "bordélique" est l'état fondamental de toute chose. »

Clément Rosset

Aussi loin que je remonte dans mes souvenirs de discussions politiques avec des camarades de lycée ou d'université engagés à gauche et même à l'extrême gauche, ces derniers finissaient toujours par me traiter de « nihiliste », voire, de « nihiliste petit-bourgeois ». C'est encore le cas quand il m'arrive de me laisser aller à ce genre d'échanges avec des gens moins exaltés mais pas moins désireux, selon leurs termes, de « changer le monde ».

De quel délit d'opinion récidivant suis-je coupable ?

Adolescent, je sympathisai avec des types plus vieux que moi, des révolutionnaires prêts à en découdre avec l'ordre établi. Certains d'entre eux passèrent à l'action quand un de leur camarade, un jeune desperado de Barcelone, fut condamné à mort par Franco et garrotté. Dans le cadre d'une enquête pour atteinte à la sûreté de l'État, qui donna lieu à un beau coup de filet dans les milieux libertaires, je moisis quarante-huit heures dans les sous-sols du commissariat de la rue Casteja de Bordeaux. Même s'il fut sans conséquence judiciaire, ce séjour en cellule suffit à me déniaiser et à calmer mes velléités séditieuses. Mon anarchisme, dès lors, devint essentiellement littéraire et mon activisme circonscrit à ma chambre – d'où, je pense, le qualificatif de « petit-bourgeois ». Aux ardents partisans de la grève sauvage et de l'autogestion généralisée, je laissai les catéchismes de Proudhon, de Bakounine et de Kropotkine, et me délectai quant à moi des œuvres d'irréguliers drapés dans un individualisme aristocratique tels que Georges Darien, Eugène Sue, ou, le plus talentueux d'entre eux, Félix Fénéon.

Même à l'époque de cet extrémisme juvénile de courte saison, je n'ai jamais défendu le terrorisme – assimilé souvent au nihilisme. Je me rappelle une phrase lue dans *Nada,* le roman de Jean-Patrick Manchette datant de cette époque et adapté à l'écran par Claude Chabrol. Le héros, Buenaventura Diaz, chef d'un groupuscule radical traqué par toutes les polices de France pour l'enlèvement d'un ambassadeur américain, déclare dans le micro d'un magnétophone, alors que l'opération a bien sûr échoué et qu'il perd son sang depuis des heures, que « le terrorisme gauchiste et le terrorisme étatique sont les deux mâchoires d'un même piège à cons » – les « cons » visés étant, en l'espèce, les révoltés comme lui. Pareil aphorisme me semble encore cerner parfaitement la question du choix des armes comme mode d'expression et de revendication dans une démocratie.

En fait, le « nihilisme » politique que l'on déplorait chez moi jadis, et pour lequel l'on continue à me blâmer, n'était qu'un aspect du nihilisme plus profond, « ontologique », disent les philosophes, qui est mien depuis la mort de mon père – survenue quand j'avais neuf ans. Puisque le mot prête à confusion, je le nommerai *acosmisme* et le définirai non pas comme une négation doctrinale du monde, bien que je puisse, à l'occasion, me coiffer de l'autorité d'Héraclite, de Lucrèce, de Montaigne, ou de Nietzsche, mais comme l'incapacité à me représenter la réalité sous la forme d'un monde. On pourrait déceler là le symptôme de « déréalisation » tel que la psychiatrie le diagnostique dans des cas de fortes dépressions flirtant avec la psychose. Or, en ce qui me concerne, ce n'est pas le monde qui se « déréalise » mais la réalité qui ne se « mondialise » pas – et persiste à ne m'apparaître que comme réalité. Peut-être mon « acosmisme » présente-t-il une pathologie non moins inquiétante que celle du psychotique, mais, pourtant, je crois l'expérience de « non-mondialisation », ou, d'abord, de « démondialisation », assez banale : on l'éprouve sitôt qu'un repère habituel, la présence d'un être cher, ou d'un lieu, disparaît soudain ou assez vite de sa vie alors que l'on imaginait cet élément de la réalité inscrit dans un état durable et presque éternel. L'existence apparaît alors dans toute son insignifiance : inconsistante et absurde – en toute sa « nihilité », dirait Montaigne. Ainsi, le corps. On jouissait d'un organisme en bonne santé. Tout, en ce microcosme, semblait fonctionner dûment. Mais voilà qu'il est accidenté, miné par un virus, ravagé par un mal chronique. Les mouvements s'avèrent impossibles ou pénibles. Le rapport à l'extériorité se rétrécit. Vivre devient un exploit. De même, la nature. Insouciant des forces telluriques et des tourbillons atmosphériques, on vaquait, dans sa ville ou son village, à son travail, à sa vie de famille ou amicale. Or, en quelques instants, les maisons, les édifices, les monuments, sont détruits par un séisme, rasés par un ouragan, engloutis sous un raz-de-marée, ensevelis sous la lave d'un volcan, noyés sous les flots de pluies diluviennes. L'environnement social, enfin. En 1940, Hélène Berr avait vingt et un ans. Pour cette agrégative d'anglais, grande connaisseuse de Shakespeare, tout tournait rond. La marche des planètes, le cycle des saisons, le rythme des années scolaires suivaient un cours stable et harmonieux.

C'est à peine si le fracas des guerres qui explosaient partout en Europe et ailleurs traversait les murs de sa chambre de jeune Parisienne de bonne famille. Les œuvres de Bach, de Mozart, de Schumann, qu'elle passait sur des disques ou qu'elle jouait avec des amis, en couvraient les éclats lointains. La seule nouveauté qui bousculait sa quiétude avait le visage d'un beau garçon, Jean Morawiecki, mélomane, et comme elle, passionné de littérature. Puis vinrent les nazis. L'Occupation imposa d'abord le couvre-feu aux plaisirs et aux nuits. La violence devint légale, la délation, un devoir. Les parents, les amis, les relations disparurent. L'amour s'exila. En deux ans, le Pâris d'Hélène cessa d'être le décor du flirt, le théâtre d'une haute culture, le lieu des flâneries d'une rêveuse solitaire, pour se transfigurer chaque jour qui passait en labyrinthe de la peur. Elle se résigna au courage. Tout son *Journal* en témoigne – comme en témoignent aussi ces femmes qui partagèrent sa captivité et puisèrent auprès de sa « vitalité » et de sa « classe naturelle » la force de survivre. Hélène, elle, mourut à Bergen-Belsen en 1945, battue par une gardienne, quelques jours à peine avant la libération du camp. Sa vie, d'abord pleine de rires et de musique, se termina pleine de bruit et de fureur.

Quand, donc, la réalité familière change brusquement de tournure ; quand le « tour » qui semble la façonner, tel une providence, se brise ; quand le corps lâche, les éléments se déchaînent et les autres se montrent hostiles et s'enivrent de carnage, on dit alors que « le monde s'écroule » – découvrant que cela même qui s'écroule ne constituait pas un monde ni ne faisait partie d'un monde. Ce qui s'écroule n'est autre que l'illusion « cosmique » à travers laquelle on se représentait la nature des choses. On se rend compte qu'il n'y avait non pas rien, mais que ce qu'il y avait n'était *rien de pensable comme monde.* Car un monde, ce que les Grecs appelaient *kosmos* et que les Romains traduisirent par *mundus,* suppose un ordre, une architecture, une harmonie et, partant, une régularité, une stabilité, une consistance de telle sorte que tout cet ordonnancement répondrait au désir d'une finalité : le monde serait là pour les humains. Or, l'expérience douloureuse de la perte révèle une cruelle vérité, à savoir que la vie humaine n'est qu'un phénomène parmi d'autres voué au hasard et à la mort, soit au *khaos* – notion commune aux Grecs et aux Romains et que Virgile définissait, dans une optique mythologique et afin d'en proclamer la définitive et heureuse disparition, comme l'« état de confusion des éléments ayant précédé l'organisation du cosmos ». Tout se passe comme si, en perdant un enfant, un amour, un ami, son travail, sa santé, son pays, etc., l'on était arraché à la chimérique organisation du monde, au sein de laquelle l'on s'imaginait mener une existence sensée et digne de son humanité, et jeté dans la confusion originelle – sauf qu'il n'y eût jamais d'autre réalité que ce non-monde. De l'hébétude de la perte on glisse au vertige de la perdition. En soi comme hors de soi on est égaré, à la dérive et au bord du naufrage.

Nihiliste, je ne dirais pas que je suis convaincu que tout n'est que hasard et mort, mais que j'en ai la nette impression – la différence entre une conviction et une nette impression étant que rien de net ne caractérise une conviction et, surtout, que c'est ce flou même qui la rend convaincante. Au lieu de se satisfaire d'un savoir solide s'imprimant en son esprit de façon claire et distincte, l'homme de conviction en attend un sens et, faute de l'obtenir, décide de l'imaginer et d'en démontrer *mordicus* la pertinence. Ainsi procèdent les « téléologiens » de tout poil assignant un sens à l'histoire, à la nature, à l'univers, et qui, pour conférer une légitimité scientifique à leurs extravagances, puisent des informations, ici et là, chez les historiens, les biologistes ou les astrophysiciens. Je n'ai garde d'une telle caution. Je n'érige pas mon savoir uniquement en connaissance empirique – de par l'expérience de la perte –, mais le définis aussi comme connaissance objective. De même que c'est par le « cœur », dit Pascal, que l'on a la notion de l'espace et de ses trois dimensions, de l'écoulement du temps, des nombres et de leur quantité illimitée, c'est par cet identique « instinct » infaillible que je saisis avec évidence le hasard et la mort comme « principes » de l'insignifiance de tout. Rien de moins rationnelle ou rationaliste que ma pensée. Puisque c'est par le « cœur » que je vois la réalité comme l'ensemble infini et chaotique des choses et des êtres qui apparaissent et, plus ou moins vite, disparaissent, pourquoi me donnerais-je la peine de *démontrer* que leur passage ne répond à aucune nécessité – hormis le hasard – ni à aucune finalité – hormis la mort ? Là réside aux yeux de certains philosophes mon « terrorisme » : dans la négation injustifiée, simplement au nom du cœur, de l'idée de monde, et, facteur aggravant, dans mon silence qui la suit – perçu comme refus de ma part de la remplacer par une autre idée de monde ou par l'idée d'un autre monde. Nier le monde passe encore, mais n'en concevoir aucune version de rechange leur est intolérable. Il y a, selon eux, négation et négation. Par exemple, en frappant de nullité le « monde sensible », pour mieux affirmer la plénitude du « monde intelligible », Platon fait preuve d'un nihilisme ontologiquement correct.

De plus, la mort qui, chez lui, n'affecte que le corps, sauve du hasard. Délestée de ce petit tas de matière charnelle soumise aux aléas du devenir, l'âme, d'une nature intelligible, retourne aux heures calmes de l'éternité. En affirmant qu'il n'y a d'autre réalité que le « monde sensible », sans arrière-monde, mon tort, au fond, est de défendre un platonisme ontologiquement incorrect – étiquette que je veux bien endosser d'autant que je ne bride ni ne boude, comme le recommande Platon, mes inclinations pour le « sensible » ou les « biens périssables », comme le disent d'autres philosophes chichiteux. Mon cœur n'est pas sec. Ce qui est insignifiant du point de vue de l'être n'a pas pour moi aucune valeur. Rien ne me semble plus cruel – si elle n'était vaine – qu'une sagesse exhortant à l'indifférence des êtres et des choses qui n'ont aucune raison d'exister et promis à l'anéantissement. Au contraire, je ne manque jamais d'en appeler respectivement à leur amour et à leur jouissance, fût-ce au prix d'une ravageuse mélancolie.

À quelles vues politiques pourrait me conduire pareil nihilisme ? Sensible au chaos que sèment le hasard et la mort en toute chose, y compris dans la réalité sociale, j'ignore ce qu'est un ordre juste ou injuste sinon, pour reprendre la formule de Marcel Conche, un cas particulier et transitoire de désordre à quoi l'on adhère ou contre quoi l'on s'insurge en fonction de ses intérêts et des passions violentes qui leur font cortège pour les défendre. Dans une société, un parti qui s'évertue par tous moyens à maintenir en place son pouvoir déclare défendre la justice de son ordre, tandis que le parti qui œuvre, par tous moyens aussi, à le renverser, en dénonce l'injustice, générant ainsi un antagonisme violent de gesticulations et d'idéologies qui perpétue le désordre. À ce propos, Machiavel notait que les hommes aimaient « à changer de maîtres, espérant chaque fois trouver mieux », mais faisaient rarement un bon calcul en prenant les armes contre le seigneur du moment : à peine l'avaient-ils abattu et élevé un autre au pouvoir, qu'ils déchantaient en « s'apercevant qu'ils avaient troqué un cheval borgne contre un cheval aveugle ». Par-delà cette remarque, que l'histoire n'a pas assez contredite pour que je ne la lise pas comme une invite à une opportune neutralité, *Le Prince* dit tout, à mon sens, de ce qu'il convient de penser d'un ordre juste. Un ordre ne semble jamais juste à un peuple pour des raisons morales mais seulement si un prince parvient à édifier durablement son pouvoir dans une réalité où rien ne dure et où le hasard, « la fortune », dit Machiavel, gouverne le cours des événements. Accoutumé, dès lors, à vivre tant bien que mal sous cette continuelle autorité, le peuple finit par y trouver bon gré mal gré son compte et par apprécier son prince, voire à l'aimer, malgré la crainte que celui-ci n'oublie jamais de susciter et d'entretenir. C'est en usant avec virtuosité de divers stratagèmes, allant de la coercition au mensonge en passant par la générosité, qu'il se rendra maître du Temps et, partant, des hommes, et fera croire qu'il est l'artisan d'un monde heureux. Ainsi se définit son règne : une situation de domination conquise à la faveur d'une chance qu'il a saisie et que, alliant la force du lion à la ruse du renard, il s'appliquera à perpétuer de sorte que, *à la longue*, elle apparaîtra au peuple comme un ordre nécessaire ne devant jamais finir. Mais ainsi se définissent également les gouvernements modernes où l'on dit que le peuple et le prince ne font qu'un. Libérale ou sociale-démocrate, une démocratie est un ordre capable de maintenir le plus longtemps possible l'illusion d'une légitimité par la pérennité de ses institutions juridiques comme de ses modes de gestion économiques, de ses mœurs comme de ses valeurs, et qui, par là, qualifie de contre-nature tout autre forme de régime et d'aberration historique toute remise en cause de son existence – surtout si ses idéologues martèlent qu'elle recèle en ses rouages le providentiel dynamisme du « progrès ». Mais, rappellerait

Machiavel, monarchie ou république, un ordre pérenne ne veut pas dire éternel. Alors que les humanistes renaissants italiens s'adonnèrent à une idéalisation de l'antique civilisation romaine, le Florentin en dressa l'autopsie. À ses yeux, la grandeur de Rome fut d'agoniser avec vivacité durant de longues décennies et d'avoir su se ressaisir à chacune de ses rémissions pour en remontrer à ses ennemis. Mais plus redoutable qu'une guerre intestine, une campagne militaire contre les barbares hors des frontières ou une série de catastrophes naturelles tombant du ciel ou surgissant de la terre, le mal auquel elle ne put résister fut le changement de religion et de culture consécutif au lent et insidieux travail d'infiltration et de sape de la secte chrétienne. C'est ainsi que, construite sur les vestiges en miettes de la nation étrusque, la grande métropole antique mélange à présent ses ruines à la poussière des étoiles. Acosmisme politique de Machiavel : l'histoire est le conflit ininterrompu de forces, de factions, de clans, de familles, de castes, et de classes, qui, toutes, cherchent à imposer la suprématie de leur ordre civilisateur au reste des humains. Si, quelle qu'en soit la formule étatique, une organisation sociale échoue tôt ou tard à se maintenir pour constituer un monde, c'est en raison du dérèglement intime des passions qui anime les individus et des dissensions internes à chacun des camps en lice, chaos en parfait accord avec le désordre universel. « Tous les auteurs qui se sont occupés de politique [...] s'accordent à dire que quiconque veut fonder un État [...] doit supposer les hommes violents et toujours prompts à manifester cette violence toutes les fois qu'ils en auront l'occasion. Si cette tendance vicieuse n'apparaît pas immédiatement, il faut l'attribuer à quelque raison mystérieuse et penser qu'elle n'a pas eu l'aubaine de se montrer ; mais le temps qui, comme le dit l'adage, est l'accoucheur de la vérité, la mettra sans tarder au plus grand jour. » En relisant Machiavel, je me rends compte que je suis resté anarchiste. À ceci près, l'auront compris mes amis ou ennemis de gauche, que l'anarchie n'est pas pour moi une option idéologique, ni un idéal à atteindre, une utopie alternative à la forme de désordre social qu'ils combattent. Elle m'apparaît comme la réalité même du politique. La mère et la reine des sociétés, des nations, des empires, dirait le sage d'Éphèse. De quoi me pousser au fanatisme de l'inaction.

10

« L'amour est la tentative d'échanger deux solitudes. »

José Ortega y Gasset

Célibataire depuis des mois, je portais sur mes traits ma misère sentimentale. Mais aujourd'hui, miracle : j'ai croisé une femme dont le regard insistant, souriant, bienveillant s'est posé sur mon visage. Où et quand pourrais-je retrouver cette fée qui, en un instant, m'a fait exister ? En attendant, je pense à elle. Si cette passante m'a remarqué au milieu de la masse indifférenciée, c'est certainement grâce à une sensibilité hors du commun. D'ailleurs, je ne me trompe pas. Aussi bref fût notre échange de regards, j'eus le temps de saisir chez elle je ne sais quoi qui manifeste une subtile humanité. Tout me porte à croire que cette inconnue souffre comme moi de solitude et, qu'en m'apercevant, elle sut reconnaître une âme sœur.

Ainsi naît l'amour selon Lucrèce : d'un désir malheureux mystifié et aiguisé par une imagination qui orne son objet de toutes les perfections

– emballement et emphase fantasmatiques que Stendhal désignera sous le terme de « cristallisation ».

À bien des égards, pareille analyse demeure imparable. Toutefois, la réfutation qu'en a tentée Ortega y Gasset dans « L'amour chez Stendhal », texte bref et dense, me semble intéressante pour faire souvent mouche.

Si Stendhal soutient qu'un homme a besoin d'imaginer des qualités chez une femme pour l'aimer, cela revient donc à admettre, note Ortega, que l'amour s'affirme comme désir de s'attacher à une forme d'excellence. Sans doute un homme ne trouve-t-il une femme belle que parce qu'il la désire, mais sans doute aussi ne la désire-t-il qu'à la condition de la trouver belle. Pour renforcer cette remarque, j'ajouterais que, même seul, l'appétit sexuel vise aussi une certaine qualité, comme en atteste le fait que bien des clients de bordel ont leurs filles attitrées, les réclament en exclusivité, non tant par manie que par souci de retrouver une « qualité » professionnelle. Je dirais encore qu'il ne suffit pas qu'un homme traverse une mauvaise période dans sa vie amoureuse, au sens large, pour s'éprendre d'une femme. Tout peut aller fort bien pour lui dans les domaines du sexe et du cœur et, pourtant, tout peut basculer dans ce qu'Ortega appelle l'*enamoramiento* – mot dont les expressions françaises « tomber amoureux » ou « s'énamourer » traduisent faiblement le sens pour ne pas suggérer la dimension entêtante du phénomène et la soudaineté de son déclenchement.

L'*enamoramiento* est un accident psychique. Dans une compagnie féminine familière, un homme range *grosso modo* ses amies, ses camarades, ses collègues – à quelques préférences physiques ou personnelles près – sur une même ligne, à égale distance « attentionnelle ». Mais voilà qu'un jour son regard est tiré de son train-train sensoriel. La ligne se brouille et se brise. Son attention, dit Ortega, s'arrête d'elle-même sur une femme : « aussitôt il [lui] faut faire un effort pour la chasser de ses pensées, pour déplacer son intérêt sur d'autres choses ». Mais le mal est fait. Le soir, le lendemain, le surlendemain, elle occupera davantage son esprit. Bientôt, il ne concevra plus de passer une journée sans la voir. Sans préjuger de ce que donnerait une rencontre plus intime afin de faire meilleure connaissance – un verre, un dîner, une promenade –, la première impression qu'il aura eue de cette femme est déterminante : il en a perçu la singularité. Si elle a capté son regard et retient désormais son attention, c'est bien à cause d'un trait saillant propre grâce auquel elle se démarque de la multitude féminine – trait qui le ravit, sans doute, mais qu'il n'a pas inventé. Commençant toujours par un étonnement face à une forme inédite de féminité, l'*enamoramiento* échappe à la suspicion du mirage – même si, évoquant pareille expérience, un homme se trouble en parlant de la belle, tel Antoine Doinel (Jean-Pierre Léaud) dans *Baisers volés,* le film de François Truffaut, qui s'exclame en voyant pour la première fois Madame Fabienne Tabard (Delphine Seyrig) : « Ce n'est pas une femme, c'est une apparition ! »

Pourquoi l'attention d'un homme s'arrête-t-elle sur une femme particulière ? Dans un autre essai intitulé *De l'expression, phénomène cosmique*, Ortega développe l'idée selon quoi tout moi se donne au regard des autres moi comme une totalité vivante, une unité physico-psychique, bref, comme une personne. Une âme seule, sans corps, est une irréalité. Ce n'est personne. Un corps sans âme n'est qu'un cadavre. Ce n'est plus personne. Or, une personne est une intimité spirituelle qui s'exprime à travers un corps. Cette intimité, quelle que soit la manière dont on la désigne – le moi, par exemple, ou l'âme –, est non spatiale. « Dès lors, écrit Ortega, il lui est nécessaire, pour se manifester, de chevaucher la matière, de se transposer ou de se traduire en figures spatiales. Tout phénomène expressif implique, donc, une métaphore essentielle. Le geste [...] est la pantomime du moi. L'être humain extérieur est l'acteur de la personne intérieure. » Ainsi tous les autres moi sont-ils des métaphores charnelles. Tous les autres : *los otros* ; mais aussi, et surtout, toutes les autres : *las otras*. Sauf que, parmi toutes ces actrices de la comédie sociale où chacune joue son propre rôle, seules quelques-unes expriment leur moi avec talent, laissent les autres dans l'ombre, et suscitent, dès lors, dans leur entourage masculin, l'*enamoramiento*.

Si elles y ont bien sûr une grande part, les grâces physiques d'une femme ne suffisent pas à déterminer l'élection sentimentale. Les charmes ne font pas le charme. La joie, non plus. Rien d'aimable, au sens fort du terme, chez une femme pleine d'entrain, de bonne humeur, qui rit pour un oui ou pour un non et désire faire rire. « Je ne prétends pas que la joie ne puisse s'associer avec la beauté, notait Baudelaire, mais je dis qu'elle en est l'ornement le plus vulgaire. » Un beau visage de femme suggère « la volupté et la tristesse », « le mystère et le regret », une mélancolie qui laisse rêveur. Il incarne un style de solitude : une personnalité.

Si l'*enamoramiento* commence par la surprise et la capture d'un regard, il suppose néanmoins une perspicacité de la part de celui qui est surpris. La *otra* apparaît comme une métaphore charnelle, mais, dit Ortega, « la chair est hiéroglyphique ». Et n'est pas exégète qui veut. Encore faut-il être doté d'une curiosité avisée. La rencontre amoureuse, fait rare, est une expérience esthétique et psychologique délicate. Bien des hommes demeurent aveugles à la personnalité de certaines femmes. Uniquement sensibles aux jolies filles, ils attendent de ces coquettes qu'elles tiennent, selon le mot de Milan Kundera, leur « promesse de coït ». Dans le monde masculin, seul un petit nombre d'individus se montre capable de cet art singulier consistant à remarquer d'abord et à regarder ensuite une femme avec la vision préparée et avertie du peintre – « les paupières aux trois quarts closes et qui semble s'empêcher de voir », mais qui, en réalité, « comprimée par la fente qu'elles entrouvrent, jaillit telle une flèche aiguisée ». Qui possède une telle vision possède un trésor, souligne Ortega, car il s'agit aussi bien d'un instrument d'optique chirurgical pour explorer l'intériorité du moi féminin. Connaisseur de l'expressivité féminine, l'amant se trompe rarement sur l'apparence de la *otra* – notamment s'il est un praticien du *flirt.* Moqué par les « dragueurs » comme étant une prude parade amoureuse, le flirt ne se réduit pas à une stratégie de séduction ni à un marivaudage. Aucun homme n'impose à une femme de flirter avec lui. Il l'y invite. Si elle accepte, alors tous deux, comme pour un tango ou une valse, se plient à des pas, un rythme, des figures. Dans ce face-à-face, c'est l'homme qui mène la danse, guide sa cavalière et la conduit avec douceur et légèreté à se dévoiler davantage. Bien mené, le flirt est une maïeutique. Une femme qui s'y révèle s'absente comme par enchantement de ses multiples représentations sociales – jeune, mûre, mariée, aisée, pauvre, etc. – et se présente comme la féminité même (Hegel dirait : comme la manifestation sensible de l'idée de femme). Et si, pour le coup, Stendhal pouvait apporter sa contribution à la phénoménologie de l'*enamoramiento* ce ne serait donc pas pour légitimer sa théorie de la cristallisation, mais pour valider la description de ce trouble mental nommé d'ailleurs « syndrome de Stendhal », sorte de vertige mêlé de plaisir face au spectacle d'une œuvre d'art. Il n'est pas d'homme d'une sensibilité un peu artiste qui ne succombe à ce voluptueux malaise quand il rencontre une femme dont la personnalité, telle une toile ou une sculpture de maître, s'annonce comme une invitation au dépaysement, à un changement d'horizon. Si l'homme est réellement artiste, il la logera dans son œuvre, à titre de muse ou de modèle, comme pour la placer en son séjour originel et en faire une forme du temps. Aimer une femme, dit Ortega, « c'est s'engager à la faire exister, ne pas admettre la possibilité d'un monde où elle serait absente ».

Les stendhaliens objecteront à cette théorie ortéguienne de l'*enamoramiento* l'exemple de l'échec amoureux de Charles Swann, cas typique de cristallisation affectant la conscience d'un homme pourtant fin connaisseur en matière d'art. Mais, précisément, le drame de Swann est de mélanger deux domaines, celui de l'amour et celui de l'amour de la peinture. Ayant l'imaginaire saturé de références picturales – comme cela était le cas de Stendhal –, il ne voit les femmes qu'à travers des représentations esthétiques et ne s'intéresse qu'à celles qui ressemblent à des figures appartenant à des chefs-d'œuvre. Ainsi n'est-ce pas Odette en tant que personne réelle qui suscite son attention. S'il s'emballe pour une pareille cocotte, c'est parce qu'il est en proie à une réminiscence esthétique. Le visage d'Odette lui apparaît comme le reflet vivant ou l'image sensible, dirait Platon, d'un archétype : la *Zéphora* de Botticelli. Eût-il été moins esthète mais davantage amateur de personnalité féminine, il n'en serait pas venu à déclarer amèrement à la fin de son aventure : « Dire que j'ai gâché des années de ma vie, que j'ai voulu mourir, que j'ai eu mon plus grand amour pour une femme qui ne me plaisait pas, qui n'était même pas mon genre ! »

Esprits forts, cyniques et autres libertins ricaneront de la conception de l'amour du philosophe madrilène, en déploreront le caractère asexué. Disserter sur les femmes, sur leur personnalité, sur leur visage, sans jamais évoquer l'appétit pour leur corps ni vanter le plaisir pris à coucher avec elles… Érotisme verbeux d'une vielle barbe universitaire ! Les schopenhaueriens iront de leur sarcasmes. Ignorer ou passer sous silence les ruses de la séduction féminine dans le seul intérêt de la reproduction de l'espèce… Naïveté de midinet ! Les docteurs de l'Inconscient interrogeront d'un air entendu. Être amoureux ? N'est-ce pas ce désir sadique de manquer à l'autre ? Ironie à laquelle Ortega opposerait, à travers les volutes s'échappant de son fume-cigarette, un sourire indulgent pour y voir la traduction d'une gêne de *señoritos chulos*, de petits mâles crâneurs, apeurés par le sentiment amoureux. Car aimer demeure le plus inquiétant des rapports entre humains. À l'euphorie de la rencontre de deux solitudes qui s'évertuent à coexister, se mêlent bien vite la sensation de la corrosion du temps qui passe, l'angoisse de la séparation, la certitude de la perte. On peut comprendre qu'à la perspective de s'exposer à de telles souffrances, il soit plus simple, plus rassurant, plus petit-bourgeois, de s'adonner à la routine de la débauche ou à la prouesse du conjungo. L'amour est la forme la plus exquise de l'inconfort de vivre.

Table

Composition et mise en pages

NORD COMPO
multimédia

CET OUVRAGE
A ÉTÉ REPRODUIT
ET ACHEVÉ D'IMPRIMER
SUR ROTO-PAGE
PAR L'IMPRIMERIE FLOCH
À MAYENNE EN NOVEMBRE 2010

N° d'édition : L.01EHBN000324.A002. N° d'impression : 78098.
Dépôt légal : septembre 2010.
Imprimé en France